This Difficult Thing of Being Human

The Art of Self-Compassion

請用正念疼惜自己

四個步驟，五種能力，
為自己緩解人生遭遇的苦，修復情緒受過的傷。

Bodhipaksa
波諦帕卡撒——著
吳緯疆——譯

開朗
LUCENT
文化

給泰瑞莎，感謝你與生俱來的無比仁慈與幽默感；你激勵並滋養了我。

給席薇雅，感謝你在危機時刻提供物質上的支援；沒有你，這本書不可能誕生。

給我的孩子：願我能繼續成長，成為你們理想中的父親。

目次

前言

正念自我疼惜的力量

想像一下，要是有個人一直在背後支持你。想像一下，如果有個人總會在你失落時鼓勵你，在你順遂時為你喝采。想像一下，有個人總是在你身旁傾聽你的心聲，關心你。想像一下，你內心一直都知道自己對某個人很重要。你能想像那會有多麼美好嗎？我們都希望能有個人能如此無條件地給我們愛與支持。其實我們有。那個人就是自己。

如果你一向仁慈對待自己，那麼此生必永遠不乏仁慈。彼方總是有一個人在支持你、關心你、鼓勵你，並且提醒你是重要的。從早到晚，日日皆然。而你只需要學習如何更疼惜、更寬容地對待自己。我們都具備這樣的能力，而這本書的目的就是希望幫助你發展出正念自我疼惜（mindful self-compassion）的能力。

只可惜我們與自己的關係往往和上述的形容不同，這著實令人難過。我們太常在內心嚴厲貶損自己，潑自己冷水。我們以嚴格的批判眼光監視自己，稍有不完美便心生警惕，只要不是絕對成功，就嘲笑、羞辱自己。我們對待自己的嚴苛程度，甚至可能還比對待敵人有過之而無不及。

我不以學者或研究者的角度去探討「正念自我疼惜」這個主題，而是以一個透過苦痛的人生經驗，將仁慈與疼惜的原則應用在自己身上的「人」的立場出發。我也是一個教導冥想——包括培養正念與疼惜的技巧——三十年，並且實行了四十年的人。你在書中也會看到反思的練習、提問以及一些冥想練習。我會以文字描述這些冥想，但文中也提供連結，可供你聆聽冥想指導的錄音。當你依循本書及這些冥想指導時，你會知道自己並不孤單，我們都在共同努力。

文中有時雖會提及佛陀和佛教教義，但你即便不是佛教徒也能從中獲益。佛陀並非神或先知，而是一位從經驗出發的哲學家，教導世人實踐轉化，讓人能從苦難中尋得平靜與自由。你不必為自己貼上「佛教徒」標籤，或放棄、背離既有信仰，也能試行這些觀點與做法。

逆向走著下行的電扶梯

學習正念自我疼惜之道，讓我得以在一段極為混亂的人生時期猶能保持理智。那段時期起於我的稅務會計師沒告訴我，正處於某種中年危機的她連續兩年沒替我申報營業稅。這使得美國國稅局因為我延遲申報而開罰三萬五千美元，並要沒收我和我太太僅有的資產。她在恐懼與憤怒交加下亟欲和我切割，於是決定離婚。離婚導致我和兩個年幼的孩子感情疏離，這是我人生最痛苦的經歷之一。

此外還有財務問題。我們合購的房子因為二〇〇八年金融海嘯大為貶值，無法轉手。在我努力支付房貸之際，經營了逾十二年的事業也數度面臨倒閉。這些壓力似乎還不夠大。某天，醫生在我接受例行健康檢查時說我的耳道內長了東西，可能是癌症。她說得沒錯。所幸能以手術切除，但是我在術後才發現，我的醫療保險不給付大部分的醫藥費，我的財務問題因此雪上加霜，最後不得不申請破產。宣告破產這件事我抗拒了很久，因為那似乎就像是一張通往失敗的最終門票。

這些巨變共同構成了一場長達五年多的磨難，那段時期，我常將自己的人生比喻成是在逆向走著一道下行的電扶梯，上方還有人猛力拿著保齡球朝我身上丟。每當我站穩腳步，似乎就會有另一場災難降臨。我有時會在半夜醒來，心跳加速，因為焦慮而肚子絞痛。由於夢魘實在太過駭人，我一度擔心自己可能會死掉。

自我疼惜的力量

然而如今回顧過往，我很感激那些當初遭遇到的挑戰，因為那促使我將個人的靈性修練帶往了更深層的境界。苦難讓我們有機會學習，誠如一行禪師所言：「佛教教人莫試圖逃離苦難。你必須面對苦難，深入檢視苦難的本質，才能發現它的起因和形成過程。」苦難即是導師。在苦難中學習，表示你正堅定地檢視自己，看清楚心是如何運作的。這就意味你明白了人是如何為自己創造出不必要的苦難。瞭解這一點，就能學會如何更能與自己和平共處。

在我飽受壓力與苦痛的那些年，我學到了在力抗人生困境時讚賞自己的重要性。我學到犯錯時重要的不是自我批判，而是從中得到教訓。我學到像個朋友那樣對自己展現善意，溫柔地和自己對話。我學到要給自己鼓勵，對自己的畏懼予以安撫和慰藉。我也學到更妥善照顧自己的身體和情緒。來自朋友的善意與支持很重要，我無意貶低，然而我們身邊未必隨時都能有親愛的朋友圍繞。在那樣的孤單時刻，我們能用源於自己內心的愛與支持擁抱自己。

這一路走來，有些成功的例子。在新會計師的協助下，國稅局在多次協商後終於接受了錯並不在我，於是撤銷了所有罰金。我也再度開始約會，發現重新開始的喜悅，幸運地結交到一個喜歡我且尊重我的對象。我學會當一個比我前妻離開的那個男人更好的人。

自我疼惜改變了我的人生。「仁慈待己」與「支持自己」這兩個特質不僅讓我得以面對人生的重大考驗，也有助我處理日常中常有的情緒起伏。它們幫助我減少痛苦，更能與自己和平共處，也幫助我成為更好的父親、伴侶、朋友。我意外地發現，如果不以同理心對待自己，我們也就無法以同理心對待他人；很多時候，我們自以為是在同情別人，背後其實是想獲得對方的喜愛。發展自我疼惜確實有助我們對他人更具慈悲心。慈悲就是有技巧地處理痛苦，它的本質是在協助他人面對痛苦，直到痛苦離開。如果我們沒有能力為自己做到這些，也就不可能為別人做到。

身為老師，我熱切地想將所有我學到、有助平和心境的方法分享出去。我覺得既榮幸又喜悅，能將自己這一路走來的歷程分享給我冥想課程的學生。這些年來，從許多角度來看，他們也是我的老師。他們提出的尖銳問題促使我更深入反思，他們在個人生活中展現慈悲與自我疼惜的方式，有些往往是我從未想到的。他們客氣地指出我教學中的曖昧之處，在我沒能展現慈悲的時刻提點我。所以，這本書絕非我一個人、而是群體的作品。你在當中讀到的文字及學到的技巧絕對不是「我的」，就如同我呼吸的空氣也不是我的。

●

自我疼惜的五種能力

我在學習正念自我疼惜的過程中，發覺自我疼惜有賴五種核心能力。它們是：

1. **自我覺察**——亦稱正念，也就是觀察自己正經歷什麼的能力。
2. **自我同理**——理解與體恤自己的能力。
3. **接受**——與痛苦感受共處的能力。

4. **仁慈**——以情緒的溫暖與關懷回應自己的能力。

5. **明智的自我關懷**——以促進自己長遠的幸福及喜悅的方式行事的能力。

明智的自我關懷會超越狹隘的自利概念，引領我們更傾向對他人慈悲以待。照顧自己，我們就會照顧他人。照顧他人，也等於是在照顧自己。

我們將一起探討這五種能力。我刻意採用「能力」一詞，因為自我覺察、自我同理、接受、仁慈以及明智的自我關懷都是可透過練習而學習、發展出來的。或許你不會將自我疼惜視為一種能力，認為依據個人特質，自我疼惜是「非有即無」。但人的特質並非固定不變，我們都有能力疼惜自己與他人。我們可透過練習訓練自己發展出這五種能力。

我們往往會發現，人要改變並不容易。也許我們試圖讓自己變得更加仁慈或理智，期望能有所成，實際卻沒有努力，或是認為單靠意志力就能培養出這些特質。然而這兩種情況都產生不了長遠的進展。光是希望——認定一件事只因為我們想要就會改變——是沒有用的。如果想實現長期的改變，僅靠意志力並不夠（事實上，甚至不必要）。我們需要的不是更強烈的欲望，而是如何改變的工具。如果有適當的工具，任何人都更能懂得自我疼惜。而讓你具備那些「工具」正是本書的目標。

各章概要

第一章 介紹正念自我疼惜的科學。我們會從中認識正念四個堅實的好處，以及它如何有助你我更仁慈待己，並看到科學家剖析培養仁慈與慈悲有何益處，以及發展這些特質如何產生一種「正向串聯」（positivity cascade），進而大幅改善我們的生活。

第二章 檢視六種對自我疼惜最常見的反對看法。我們會看到自我疼惜並非自私之舉，它既非放縱，也不會令人軟弱或缺乏動力，反而會讓人以慈悲與他人產生連結，讓人情緒更堅韌，也更能以溫和的新方式激勵自己。最重要的是，本章將說明為何你值得疼惜與仁慈。

第三章 導引你進行簡單的自我疼惜四步驟，這個過程甚至能在日常活動之間練習。這四個步驟能有效減輕痛苦感，帶來一種發自內心、受到支持與珍惜的感受。我們也會看到這四個步驟如何引領人自然地培養出更開放、更同理的心態去看待他人的苦痛。第三章是本書的核心，後續各章則是提出實用指南，闡明如何培養練習這些步驟所需的五種能力，並舉出可應用這四步驟的各種方式。

第四章　帶領我們認識自我疼惜的第一項能力——自我覺察，也就是正念。我們將瞭解何謂正念、對正念的錯誤認知，以及如何培養這個轉化的基礎特質。

第五章　提供第二項能力——自我同理的基礎訓練。我們將看到痛苦為何是人生固有的組成，它如何從人的演化歷史中出現，又因腦的分歧特質而激化。如此一來，將能擺脫掉人在遭遇痛苦時常會產生的恥辱感——這種感受告訴我們經歷痛苦就是軟弱或失敗。

第六章　探討接受，自我疼惜的第三項能力。接受，是怡然面對不舒服感受的能力。我們將把感受視為是一種內在溝通的形式。當我們對自己的生存與福祉有所憂懼，內心就會有股原始的聲音在說話，說的是愉悅或不悅的身體知覺語言——此時感受就出現了。我們會學到，所有感受都是實實在在的，也會學到如何接受痛苦的感受。

第七章　教導我們如何仁慈待己，支持自己。這是自我疼惜的第四項能力。情感支持是另一種內在溝通的形式——在這樣的情況中，我們較明智與慈悲的部分會撫慰受苦的部分。我們在本章會學習對自己展現仁慈的五種不同方式。

第八章　介紹自我疼惜的第五項能力——明智的自我關懷。本章將先檢視我們有多常藉著否認與轉移注意力來逃避痛苦，因而在無意間導致自己更加痛苦，也帶給別人痛苦。我們將學習較健康的回應方式：學習讓自己更能處理艱苦的感受，和有助長遠快樂與幸福的方法。

第九章　提出如何放下過去的痛苦悔恨以及嚴苛批判。我們會學到如何寬容自我，這定義是「放棄認為過往本來可以更好」。我們將學到對過去的自己更仁慈、更具同理心，並且轉而關注當下。當下是我們能感到平靜的唯一時刻，也是我們能學會各種策略，以助自己在現在及未來更幸福的時候。

第十章　探討如何將慈悲心擴及他人。我們將看到自我疼惜如何讓人跳脫自我沉溺，進而更能接受他人所處的困境，也將看到同理心如何自然地擴及他人。因為我們在看透自己的痛苦後得到的洞見，揭示的正是人類普遍的境況真相。我們將看到如何去瞭解別人，進而寬恕他們。我們將看到慈悲的展現往往是傾聽，而非提供物質援助或建議。

第十一章　帶領我們邁向更深層，介紹所謂的洞察反思（insight reflection）——觀點改變，帶來靈性覺醒（spiritual awakening）。認知到自己在這世上的存在時間既短暫又寶貴，有助我們在生活中更具慈悲心。我們將看到，如果能認知到感受時時刻刻都在改變，便能以更平和的心態去面對這些感受。我們也會看到，練習慈悲能讓你我不再將個人的痛苦視為痛苦，如此一來才會以慈悲回應痛苦，無論那痛苦是出現在我們或他人的內心。

我們可以讓書中的觀念與建議做法流過心中，就像在聽一段勵志故事。也許光是聽到正念與自我疼惜能提供改善生活的方法，就有助我們心中舒坦。本書中所述的練習是可供我們使用的工具，除非我們實際去運用，否則任何愉悅感都不會持久。所以，請將本書視為實用的指南。即使內容偶有較為理論之處，用意也是作為背景，好幫助你更瞭解如何、為何去練習。

我無法直接給予你上述這些自我覺察、自我同理或其他任何能力。我也不必那麼做，因為那些早已在你心裡，你已擁有培養這些能力的條件。你有自己，就已足夠。借用英國詩人大衛・懷特（David Whyte）的詩作：

足矣。這區區幾字足矣。
若這幾字不足，這氣息也夠。
若這氣息不足，坐在這裡也夠。

對人生的開口
我們不斷拒絕
一再抗拒
直到現在。
直到現在。

第一章

正念自我疼惜的科學

冥想是培養正念與慈悲心的主要工具。在西方，冥想過去長期都給人一種「邊緣」的印象，是嬉皮和怪人在做的事，而且與用藥文化有關。但如今冥想已成主流，學校和醫院紛紛開設相關課程，指導冥想的 App 也有數百萬人下載。之所以出現如此轉變，主要是因為近年來有眾多心理學家、神經科學家以及專業醫療人員，進行了上千項探索冥想對改善身心健康之功效的研究。

最早進行冥想研究的人堪稱先鋒，因為他們往往得對抗相關機構的質疑。一九八〇年代，關於正念的科學研究報告少之又少，一年大約只有一篇。到了二十一世紀最初十年，原本少如涓滴的數量逐漸增長為穩定的細流，平均一年有四十三項，從二〇一〇年起更開始暴增，二〇一六年共有六百九十篇論文，二〇一八年則有八百四十二篇。

這些研究宣稱發現了冥想對身心有利的諸多好處。可惜因為初涉新領域，許多都有樣本規模不足或是研究方法有瑕疵等缺點。為了找出正念的益處最強而有力的證據，寫過《EQ》（Emotional Intelligence）一書的記者丹尼爾·高曼（Daniel Goleman）以及威斯康辛大學神經科學家理查·戴維森博士（Dr. Richard Davidson）於是耙梳數千項已發表的研究，想找出大家宣稱的好處中哪些最有效。他們發現了四個特別突出、經過諸多研究方法完備、並有有效對照組的「黃金標準」認證的好處。

正念可減少思緒漫遊

高曼與戴維森發現，練習正念者往往較不會思緒散漫及分心。

這有什麼重要性？又如何幫助我們更仁慈地對待自己？正念，是一種對想法與情緒的品質管控，有助我們辨識出自己無益地在漫遊的思緒，也讓人能專注於當下的感受。漫遊的思緒大多是發怒、擔憂、造成痛苦的渴望，或是自我懷疑。這些內心的活動使得我們不快樂，削弱了我們的幸福感，也會對人際關係與生活產生負面影響。

時下有些車配有偵測器，能在行車太過左右偏移時發出警告。正念的作用就與此相當類似，能在思緒往會造成痛苦的方向飄移時示警，提醒我們回到中道。最重要的是，正念還有助我們在對自己毫無憐惜之際有所意識，而且不對內心的自我批判太過認真，同時擺脫那些念頭。

正念有助人在壓力中保持冷靜

高曼與戴維森的整合研究還有另一項發現，就是正念可促進腦內的情緒調節，藉此確實減少壓力。我們的許多壓力感都源於杏仁體，也就是腦內形狀如同杏仁、負責打或逃反射（fight-or-flight reflex）的區域。人在遭受威脅時，杏仁體會觸發憤怒與焦慮等情緒。杏仁體的演化原是為了保護我們的安全，然而它經常反應過度，反而使得人的情緒長期停留在受激發的狀態。一旦處於正念狀態，腦內進行高階思考的前額皮葉質就會對杏仁體發出安慰訊號，幫助它冷靜。正念讓我們得以抑制打或逃反射，協助我們在壓力期過後回復冷靜，或是在最初就能保持冷靜。

現代神經科學最令人印象深刻的，就是發現了大腦是「可塑的」，也就是大腦能在生命過程中有所改變。直到近期，世人普遍都還相信大腦不會改變。然而現在我們知道了，腦的不同部位會依使用頻率多寡與強度高低而有成長或縮小。正念會藉著控制杏仁體的活動致使它縮小，減少反應。另一方面，練習正念則可增加腦部各部位的灰質厚度，例如與自我調節相關的前扣帶迴皮層和前額葉皮質，以及與學習和記憶相關的海馬迴。

杏仁體高度活躍時，會抑制前額葉皮質的活動，這表示我們會因此思緒混濁，容易做出錯誤決定。比方說，我們在面臨財務壓力時可能會對打開帳單驚恐不已，因此乾脆把帳單藏起來，眼不見為淨。然而受到惶恐影響而做出如此決定，反而是給自己找麻煩。或者，我們可能在面對孩子時大發雷霆，造成他們不愉快，進而增加了我們面臨的困難。由於正念能改善情緒調節，對腦部帶來改變，因此對於改善憂鬱、焦慮、藥物濫用、慢性疼痛以及飲食障礙等問題都有益處。這麼說似乎把正念吹捧得好似靈藥仙丹，然而它真正的功效其實在於有助人更冷靜，思路更清晰，以及做出改善困境的行動，而非適得其反。我們的腦、生理以及生活都會因而運作得更為平順。

正念有助我們在遭遇壓力時保持冷靜，這個能力在練習自我疼惜時相當重要。練習正念幫助我們「面對」痛苦的感受，而不是對此做出「反應」。一旦能夠專注於那當下的不舒服感受，便能有餘裕以更具耐心、理解、寬容和仁慈的方式去理解自己。

正念可改善短期記憶

練習正念可改善短期記憶（又稱工作記憶）。有一項研究指出，接受短期正念訓練的大學生在考試成績上進步達百分之十六。當然，許多人都希望學習能更有效率，但擁有較佳的工作記憶，意義遠大於如上那些研究所顯示的考試成績進步。工作記憶的目標，是根據需要，盡可能在意識覺察（conscious awareness）中保留住相關資訊。工作記憶越佳，就可在意識覺察中儲存越多資訊。工作記憶容量較大時，我們就能進行較為複雜的思考，這也就是工作記憶與一般智力（general intelligence）密不可分的原因。至於相反的狀況，可以想想電影《笨賊一籮筐》（A Fish Called Wanda）當中，凱文・克萊（Kevin Kline）飾演的角色奧托，每次碰到稍微複雜一點的資訊，他就會問：「中間那件事情是什麼？」記不住中間的事情（甚或最前面或最後面的事情）會妨礙我們瞭解與處理複雜情況的能力。

在複雜紛擾的生活中，我們遺忘的那件「中間的事情」，往往就是以仁慈待人待己。我們太執著於工作與家務，卻忽略了維持人際關係品質的必要，這當中也包括我們與自己的關係。我們無法將「支持自己的伴侶」、「莫對同事積怨」或是「別一直說自己是白癡」等目標牢記在心。也許我們會把這些當成道德缺陷，但很大程度上其實只是記憶力不佳。在追求任何目標之際——比方說，變得更誠實、更勇敢、更疼惜自己——我們要能牢牢記住長期目標。記憶對維持目標方向不可或缺。有趣的是，正念的古印度文「sati」，意思就是「記住」。正念對我們的幫助，就是記住仁慈的重要性這項關鍵能力。

正念讓我們更仁慈

高曼與戴維森指出正念的第四項好處是，它會讓我們更仁慈、更慈悲，也會改善我們的人際關係。杏仁體一旦過度活躍，就會不斷提防著潛在威脅，這往往會造成我們在沒有危機時也疑神疑鬼，並對真正艱難的狀況做出無益的反應。一旦練習正念，就不會浪費精力對不存在的威脅有所反應，或是對真正的問題過度反應，因而能與他人建立起有建設性、可持久、溫暖且有益的連結。我們能以更仁慈與更感激的方式專心地理解自己，而非抱持破壞、嚴苛或批判的態度。

如果正念讓人更加仁慈，也許你會納悶，那究竟為何還需要特意去發展慈悲心和自我疼惜呢？難道就不能發展正念，然後讓仁慈自由發展就好嗎？這問題的答案就在腦袋裡。與正念及慈悲相關的精神迴路相互重疊，但只有一部分。光是發展正念便有助我們變得仁慈一點，更具慈悲心，但若要讓仁慈與慈悲的潛質發展得更完整，就必須「有意識地」專注發展那些特質。這裡用重量訓練做個類比應該不錯。你若是利用重量鍛鍊手臂肌肉，那麼也會連帶鍛鍊到核心肌群和腿部肌肉。畢竟，假設你站著，手上舉起重量也會讓核心與腿部肌肉施力。但是，若就此認定鍛鍊手臂便足夠，那可就不對了。身體其他部位牽涉到不同的肌群，如果想鍛鍊，就必須特別關注。同樣地，雖然鍛鍊「正念肌肉」能為你的「仁慈肌肉」帶來某些變化，但若是有意發展後者，那麼就得對它特別關注了——譬如練習慈愛（lovingkindness）與慈悲冥想。

慈愛與慈悲的科學

雖然對正念的系統研究已有將近四十年的歷史，但目前對仁慈、慈悲以及自我疼惜的探索卻依然處於起步階段。不過，對這些領域的探討近年來也有驚人的增長，一如正念研究在二十世紀末的盛況。漸漸地，研究紛紛顯示，仁慈、慈悲以及自我疼惜能在諸多方面改善我們的生活。

北卡羅萊納大學教堂山分校心理學教授芭芭拉・菲德里克森（Barbara Fredrickson）在二〇〇八年曾進行一項研究，檢視慈愛冥想的效果——這是一種培養仁慈與慈悲心的古老方法。她發現，練習慈愛冥想七週，會增廣正面情緒的範圍，像是快樂、感激以及滿足等。她在研究結論中提出正面情緒的「擴展與建構」（broaden-and-build）理論，也就是內外改變互為基礎，逐漸累積，繼而造成幸福感與快樂感長期的提升。比方說，當我們比較仁慈時，就能改善我們與他人的關係，如此能形成長期的友誼，而友誼能在人遭遇艱困時提供支持，這會幫助我們變得更快樂。

這個理論與另一個認為每個人都有一個「快樂起始點」（happiness set point）的心理學理論背道而馳。快樂起始點理論的概念是，每個人的生活滿意度大致固定，無論處境出現挫折或正面的改變，事後往往都會回到相同的快樂程度。比方說，你獲得加薪固然會比較快樂，但只會維持一段時間，不久就會回到跟先前差不多的那種快樂與不快樂的平衡狀態。相同情況也可能出現在收入驟減或受重傷之後。我們會進行調整，無論何種新情境，之後都會變成「新常態」。然而菲德里克森認為，個人特質與資源的改變——例如正念的增加、生活有更遠大的目標、社會支持提升，以及病徵減少——會降低憂鬱症狀，提升生活滿意度。慈愛冥想和從中發展出來的各種冥想，皆能有效幫助我們改變快樂起始點。

二〇一三年，同在北卡羅萊納大學教堂山分校心理學系任教的貝瑟妮·柯克（Bethany E. Kok）帶領的一項研究顯示，練習慈愛冥想會對個人健康及幸福感產生持續的「向上螺旋」。她發現，慈愛冥想產生的正面情緒，會讓人感覺自己與他人有更密切的連結。一段時間後，這些正面情緒和社會連結經驗會增加迷走神經[1]的活動，亦即健康有所改善。她認為，作為衡量情緒健康指標的迷走神經張力，常被視為是一項穩定的性格特點，但它其實能藉由冥想改善。正面情緒和社會連結以及身體健康改善，三者能以一種逐漸提升身心健康的自我持續模式相互影響。

亞歷桑納大學的麗塔·洛（Rita W. Law）在二〇一一年進行的研究發現，只需練習十分鐘，慈愛冥想就能立即產生放鬆效果。這是從心率變化的增加上觀察到的。心率變

1 迷走神經（vagus nerve）是腦神經的第十對，在人腦神經中長度最長、且分布範圍最廣，含有感覺、運動和副交感神經纖維。由於迷走神經支配著呼吸、消化系統，以及臟器的感覺、運動和腺體分泌，因此若有損傷，便會引發人體的循環、消化、呼吸等功能失調。

化增加是副交感神經系統活動增強的跡象，可讓人回到放鬆與平衡的狀態。練習慈愛冥想也能減緩受試者的呼吸率，這是另一個放鬆的跡象。此外，這短暫的十分鐘慈愛冥想，也讓受試者產生了更正向的自我感受，抵禦因社會壓力而造成的負面身心影響。

在二〇一三年的一項研究中，伊麗莎白・霍格（Elizabeth Hoge）發現，練習慈愛冥想的女性在細胞與基因層面上的老化速度有減緩跡象。梁（M. K. Leung）、盧茲（A. Lutz）與李（T. M. Lee）等人的諸多研究都顯示，慈愛冥想也會增加大腦情緒調節相關部位的灰質厚度，一如正念冥想。毫不意外，慈愛冥想也能讓人對自己與他人更富同理心，更願意助人，也更慈悲。

德州大學奧斯汀分校心理系副教授克麗絲汀・聶芙（Kristin Neff）不僅率先為自我疼惜立下正式定義，也將它立為臨床與心理研究主題。聶芙如今已是這個主題在全球的領導研究者，揭露出練習自我疼惜的諸多優點，譬如，她發現一個人自我疼惜的程度能精準推測出他的心理健康狀態。她也發現，自我疼惜程度高者比較不會自我批評。自我疼惜與正念的能力是相互重疊的，懂得自我疼惜的人比較不會反芻式思考[2]，也就是不會反覆胡思亂想，削弱幸福感，因而也較不會焦慮或憂鬱。反芻思考正是焦慮與憂鬱的一項成因。懂得自我疼惜的人也較不會成為神經質的完美主義者，這可能是因為他們認為人生必然偶爾會犯錯，期望至臻完美只會為自己造成痛苦。

許多自我疼惜（對自己仁慈）的研究都將它與自尊（對自己抱持正面看法）相提並論。但這兩者有一項主要差異，就是一個人的自我價值感從何而來。自尊往往是透過與他人的比較而從中建立自己的價值感，然而這種競爭性的比較會削弱幸福感。另一方面，能自我疼惜的人則認為自己本質上就是有價值的，無須與他人相比，因而也就避開了無益的比較這個陷阱。此外，高自尊者的自我價值感往往強烈依附於他人的看法；如果他人對他們不友善，高自尊者的自我價值感通常會因此驟降。高度自我疼惜的人就不會如此。他們認為自己原本就值得獲得仁慈，對自己的支持也沒有先決條件，不是因為自己比別人「更好」或「更有資格」。

相較於高度自我疼惜者，高自尊者比較可能有自戀傾向。由於高自尊者自認較他人優越，這往往會導致當事人執著地認為，相較於他人，自己的特質與成就是多麼地完美。由於注意別人的成就或優點會危及自己的特殊感，我們通常會避免。但自我疼惜則讓我

2 反芻式思考（rumination）：反芻，原指動物將胃內食物回流口腔，再次咀嚼。衍伸至人類的思考，則意指人沉溺於不斷回想過去已發生的負面事件，進而強化了自己的負面情緒，引發焦慮、悲傷、沮喪感。

們不單明白自己的優點，也能承認別人表現出的正面特質，沒有受到威脅之感。它也讓我們接受自己的缺點。我們無須在某方面顯得特別或是自視比他人優越，才有資格對自己仁慈。

我們甚至能從腦部運作的角度來看慈悲的功效。慈悲感與左前額葉皮質的高度活化有關，這個部位也與喜悅及樂觀的感受有關。我們看到高度自我疼惜者對生活的滿意度較高，與他人的連結感也較強。自我疼惜帶來的樂觀有部分可能是源於較少有反芻思考——反芻思考會導致人去想像未來可能的不愉快。因為自我疼惜賦予了我們能力，可在遭遇不舒服感受與承受壓力時支持自己，我們的情緒因而較具韌性。知道自己擁有得以應付人生挑戰的情緒資源，也會帶來樂觀感。有一項研究發現，當一個人受命去執行一項高壓任務時——假設那是他個人最大的弱點——若是能夠練習自我疼惜，就比較不會焦慮。研究人員在一連串的實驗中發現，當受測者遭遇可能顏面盡失的情境、得到負面回饋，或是想起人生中有過的負面經驗時，自我疼惜比自尊更能讓人平衡情緒。

自尊與自我欺騙

廣播主持人加里森・凱勒（Garrison Keillor）以前常在熱門節目《大家來我家》（A Prairie Home Companion）中，轉述來自明尼蘇達州一座虛擬小鎮的趣聞軼事給聽眾聽。他在每週幽默的獨白尾聲裡都會說：「以上就是來自烏比岡湖（Lake Wobegon）的消息。那裡男的美，女的壯，小孩個個都優秀。」

「烏比岡湖效應」，社會心理學家幽默地用這個詞形容「虛幻優越感」，也就是一個人高估自己的能力或個人特質。派翠西亞・克羅斯（Patricia Cross）的一項研究發現，內布拉斯加大學林肯分校的教師在評估自己的教學能力時，有百分之六十八認為自己位居前百分之二十五。超過九成的人認為跟同事相較，自己的能力高於平均。在另一項研究中，史丹佛大學的企管研究所學生有百分之八十七認為他們的學業表現高於平均。這種虛幻優越感也擴及學術界以外：有九成以上的美國人相信自己的開車技術高過平均，九成五的人認為自己的思想比一般人更開放。顯然，這些自我評估很多都不正確，有不少都是自我欺騙的心理在作祟。

我們為什麼會以這麼不切實際的方式評量自己？這當中有一大部分似乎是在自我保

護。我們經常拿自己和別人比較，以判斷自我價值。由於我們會將自己的許多特點評估得比一般人低一點，因此精準評估便會危及我們的幸福感。事實上，比較實際看待自己的特質與能力的人，更可能受到憂鬱之苦。或者，可能是憂鬱者已經不再企圖以對自己有利的眼光去做比較。無論如何，虛幻優越感似乎都是保護我們幸福感的一項機制。

不過，某些文化就不會用這種方式自欺。康乃爾大學心理學家大衛・鄧寧（David Dunning）曾進行一項關於自我評價過高的長期研究。他指出，「如果你去日本、韓國或中國等地，這整個現象就不見蹤影。」我們有可能以實際的眼光看待自己，同時仍保有自我價值感，只要我們放棄自尊的遊戲，確實實行自我疼惜。因為如此我們便能在情感上給予自己支持，即便體認到不安的真相時也一樣。

由於正念自我疼惜源於一套可透過學習而獲得的能力，所以任何人只要持續努力，都能體會到這些益處。本書隨後各章節將探索這些能力，屆時會有一些練習可幫助你訓練自己以仁慈、支持及鼓勵的方式回應艱困的處境。此外還有冥想練習的相關連結，幫助你有系統地學習正念和自我疼惜的能力。這些冥想練習是本書重要的一環，因此強烈地鼓勵你多加練習。

儘管我指出了自我疼惜的好處，但大家通常對身體力行還是會有所保留。或許你內心仍有個聲音說：「對啦，可是……」我們對自我疼惜的抗拒感，有部分來自我們曾被人指說我們不如他人。如此心態或許源於我們周遭的「懲罰文化」，它根深柢固地認為我們必須嚴苛對待自己，人生才會有成就。還有一些是受童年時期的薰陶，以及我們看待自己的眼光所影響。重要的是，我們得去瞭解那些會造成人難以疼惜自己的自我看法。因此，下一章的主題便是練習處理在自我疼惜時可能會面對的各種障礙。

第二章

自我疼惜會遭遇的阻礙

我們難免會以負面眼光看待自我疼惜。除非去探究那些看法，否則那些看法很可能會在我們開始行動之前，就先阻撓了我們發展自我疼惜的五項能力。檢視我們的保留心態和批評，有助我們瞭解並克服自己的抗拒心理，如此才能全心接受自我疼惜。

我們之所以反對自我疼惜，大多源於不少人早已內化的一項無意識假設，那就是認為人又壞又懶，必須受到鞭策，才會有良好的行為和表現。根據這樣的看法，我們若是寬容對待自己，無疑更會失敗，因為那是在「溺愛」自己。抱持這樣的看法，會讓人更相信批評能讓自己日後比較不會失敗。這個嚴苛但常見的觀點往往讓我們對自己的感受起疑，忍受著痛苦與磨難，甚至認為自己若是夠堅強，根本就不會受苦，而且顧忌自我疼惜就是一種軟弱與自我放縱。

然而，我們能採另一種方式去看待事物。我們可以認清，批評短時間內固然能帶來我們想要的結果，然而長期下來卻會造成壓力，令人沮喪。我們能懂得，面對人生的各式挑戰本已艱難，而支持、鼓勵自己絕對有其必要。我們能領會，自我疼惜正是力量與韌性的來源，也能知道對自己寬容、慈悲與鼓勵是讓此生美好的關鍵。

那麼，我們就來看看反對自我疼惜最常見的六個迷思。

迷思一：自我疼惜會令人深陷痛苦

有些人會將自我疼惜與自憐（self-pity）混為一談。也許他們想像自我疼惜不脫哭泣、痛苦崩潰，以及悲嘆人生多麼糟糕。他們認為，這會造成自己情緒難以承受、喪失力量，無法調適。如此想法固然沒錯，但當然沒有人期望如此。不過，這絕非自我疼惜的真諦。

自我疼惜與自憐正好相反。有兩千年歷史的《解脫道論》說，自憐是「失敗的憐憫」。人在無法承受自身苦難時會自憐，結果反而會被自憐擊垮。另一方面，以正念疼惜自己則是支持自己熬過痛苦與困難，不被擊垮。正念幫助我們接受痛苦或不悅感受的存在，但不對它有所反應。自我疼惜則幫助我們在承受痛苦時給予自己慰藉與信心。自我疼惜是力量，不是弱點。

我的學生瑞秋這麼描述自我疼惜是如何在她以自憐回應自己遭遇的痛苦時，幫助她與之保持距離：「經歷過幾年痛苦的反芻思考後，我現在更能和自己的情緒保持距離。我還是會聽見同樣的聲音在老調重彈，不過那些現在只是輕聲細語，而非大吼。」瑞秋在冥想短短幾週後，就發現自己擺脫了會強化痛苦感的自憐，不再受其束縛。她對生成的情緒還是會有感受，但已學會與情緒保持距離，也不讓心思受情緒掌控。

正念的自我疼惜不會令人自憐，反而會幫助我們擺脫自憐。

迷思二：自我疼惜就是放縱

另一個誤解是認為自我疼惜就是在逃避人生的挑戰，是一種享樂式的逃避主義。我們甚至可能會想像自我疼惜的人花了無數時間在購物、泡澡、美甲，或是躺著做水療，眼睛還敷著幾片異國水果。

這些活動本身無可厚非，但若是認為水療放鬆或大肆購物犒賞自己算是最終極的關懷自己，那麼就可能、應該說非常可能，我們其實是在藉這些行為逃避處理自己的感受，或許也是在彌補自己並沒有真正關照自己。評估我們的自我關懷是否真的是自我疼惜的表現，有一個必須反覆思考的關鍵問題：我心心念念努力的，是在追求長遠的快樂與幸福嗎？享樂主義在意的是短期的愉悅，卻是以長遠幸福為代價。另一方面，自我疼惜則是會將長遠的利益納入考量。

歡愉式的自我關懷活動在自我疼惜的生活中固然占有一席之地，但只是一個面向。我們在第八章將看到，雖然自我關懷在慈悲待己當中扮演了一個重要角色，但它的型態大多與追求歡愉無關。我們能用保有自覺、接受痛苦感受，以及支持自己等方式關照自己的情緒。比方說，要照顧自己的心理，我們可以學習新能力與新知識，或是略作休息，好讓做事更有效率。要在財務上照顧自己，可留意如何運用手上資源。要照顧心靈，則可以培養生活的意義和人際聯繫。當然，我們也能照顧自己的身體，吃得健康、多運動、定期看醫生——甚至泡個熱水澡或按摩。

我認為，男性比較會有認為自我疼惜即是享樂與放縱的顧慮。最近我在Instagram上搜尋「#自我疼惜」這個主題標籤時，滑了很久才發現一則男性的貼文。許多男性在心態上似乎認為自我關懷與自我疼惜是「女人家的玩意兒」，認定它就是「缺乏男子氣概」。這樣的觀念既短視又自欺，也沒有領悟到自我疼惜的勇敢本質。人要面對自己內心的痛苦是需要極大勇氣的。學習如何支持自己，有助我們勇敢面對外在的障礙。知名作家暨美國種族、性別與階級差異評論家詹姆斯．鮑德溫（James Baldwin）就表示：「無從休息者，難以在漫長的戰役中存活。」所以，如果你是顧忌自我疼惜即是放縱的男性，我鼓勵你再想清楚。

自我疼惜是英勇的舉動，並沒有什麼不對，但自我疼惜不是享樂，而是為了自己長遠的幸福而培養、明智的尊重與理解。

迷思三：自我疼惜就是自私

認定自己的需求本來就比其他人的重要，自私的行為正是奠基在這樣的信念上。當然，如果唯獨認真看待自己的痛苦，無視他人，認為唯有自己的感受才重要，那確實就是自私。但專注於自己的需求，本質上並不自私，有時甚至是必要的。飛機失去艙壓時，個人應先戴上自己的氧氣罩，而後才幫助別人。我第一次聽到機上廣播這麼說時相當困惑。我以為那是自私。如果我帶著孩子搭機遇上那種狀況，我的本能反應會是先幫他們，而後才照顧自己。但我隨即意識到，這種情況下先照顧自己的需求才合理、務實，而且正確。如果我在幫助孩子的過程中因為缺氧而昏厥，反而會對他人和自己造成問題。佛陀說：「跌落沼澤的人不該去拉另一個跌落的人」，以及「人若跌進暴漲的急流被沖走，又怎能助人渡河？」就是體認到我們有時得先顧及自己的需求。自我疼惜正能幫助我們脫離沼澤，在湍流中站穩，如此一來，才能真正幫助別人。

但現實是，我們越是受苦難折磨，往往就只會越注意自己。以正念疼惜自己讓我們得以同理、寬容與慈悲去回應自己的痛苦。一旦我們和這些良善的特質有了連結，自然也會將之擴及他人。透過鼓勵人培養對自己的寬容與慈悲，而後廣及他人，傳統的冥想實踐也認可這樣的觀點。你與自己的關係，會為自己此生中的每段關係定調。

寬容待己有助我們更能寬容待人。在自己身上培養這些特質，也會擴及他人。

迷思四：要對自己嚴苛，才能有所成就

父母毫不客氣地拿我們跟兄弟姐妹比較，讓我們丟臉；工作表現不如上司預期，他就在同事面前羞辱我們；伴侶因為我們家務還沒做完而不斷抱怨：這些舉動都是企圖

「在我們屁股底下點火」，好督促我們達成目標。我們大多都領教過這些手段，甚至頻繁到都將這樣的激勵策略內化了。當我們內心的那個批評者認為我們表現不佳時，就會以言語懲罰我們，或是在還沒著手某項工作時斥責我們偷懶。儘管有這種內在批評機制，我們大多還是難以激勵自己。當自我批評不見成效，通常會招來更多的自我批評。也許我們會想，要是不對自己嚴苛，怎麼完成任何事情？

不過，許多研究顯示，相較於自我批評者，自我疼惜的人行事更有效率，也不會拖延。德州奧斯汀聖愛德華大學的心理學家們將喜歡早早開始做作業，與往往最後一刻才動手的學生作了比較。你應該不意外，高度自我疼惜的學生拖延的機率低了很多。其實，做事拖延未必是時間管理有問題，而是情緒管理的問題。想想看我們在思忖一項艱鉅狀況的任務時。我們常會出現焦慮、躁動或畏懼等感受，要是無法處理這些感覺，我們就會閃躲，設法逃避那項任務。學習在面對不自在時支持與鼓勵自己，能讓我們正面迎接挑戰任務，而不是逃躲。

自我疼惜有一個絕妙方法能幫助我們積極為未來的自己培養慈悲心，那就是將「未來的自己」視為一個朋友。我是偶然在激勵自己處理家務時發現了這種做法。當時我正準備睡覺，卻發覺流理台上還有髒碗盤要洗。由於我實在累到不想動手，所以心想留到隔天早上再說，可是醒來之後要是看見自己留下的髒亂，那可真的非常不愉快。面對自己深夜不想洗碗的抗拒心態，我開始思考早晨波諦（我幫他取了名字，感覺起來更真實）醒來後對髒亂的廚房會有何感受。我從過去的經驗知道，他會認為髒亂令他沮喪。我也知道他要是醒來看見乾淨的廚房會相當開心與感激。所以我會洗碗盤，知道自己幫了早晨波諦一個忙而開心。當然了，早晨波諦很感激晚間波諦。對未來的自己抱持同理心，能讓人更容易自律，將之轉變為一項自我關懷的行動。

神經科學也支持這種慈悲式的自制。瑞士蘇黎世大學的亞歷山大．蘇特切克（Alexander Soutschek）在運用磁場關閉據知腦部與同理心有關的部位，也就是右顳頂葉交界區後方的部分時，他發現此舉也會干擾受試者的自制能力。當我們無法以慈悲心和未來的自己產生連結，就會出現衝動，也就是缺乏自律。短期思考導致人讓自己逃避問題，輕易放棄；這件事現在感覺起來不愉快，所以我就不做了。另一方面，自我疼惜在乎的則是長期會對我們有利的事情：這件事現在感覺起來不愉快，可是日後我會有什麼感覺？再一次，自我疼惜思考到了你的行動是否會對自己長期的快樂與幸福有所貢獻。

自我疼惜會降低我們的積極心是一個迷思。其實正好相反。自我疼惜是激勵自己最有效的方法之一。

迷思五：自我疼惜代表接受不良或有害的行為

人在厭惡自己時是很痛苦的。或許你會因此認為自憎的解方是喜歡自己。但那是可取、甚或可能的嗎？喜歡嫉妒、仇恨與貪婪等衝動情緒代表什麼意義？我們應該贊成這些情緒嗎？應該接受嗎？應該放任這些情緒，受其影響嗎？

我和他人一樣，也有一些習性與衝動與尋求快樂的想望背道而馳。例如，我有時會脾氣暴躁或憤怒，極力想討好別人，或是在不順心時心生沮喪。這些傾向削弱了我的幸福感，有時還導致他人遭受池魚之殃。在我練習接受這些習性時，我看清了它們都是我身為人所承繼的各種情緒反應。我接受這些習性也是我的組成，我知道不是我選擇了擁有這些習性，那麼，只因它們是我的部分組成，我就嚴厲評斷自己，其實毫無道理；我不必因自己生而為人而恨我自己。再者，我不要因為憎恨自己的這些面向，而將更多衝突帶進我的人生。恨自己就是在和自己作戰，在這樣的戰爭裡，誰會是贏家？誠如佛陀所說，仇恨永遠戰勝不了仇恨。

接受這些習性並不表示我就贊同；我知道它們阻礙了我體會快樂與幸福的能力。接受也不表示我就喜歡；喜歡一件事，代表它能引起愉悅，但這些習性顯然不會。還有，因為知道這些習性會引發痛苦，我也不會允許它們滋事。

既然喜歡自己並無益處的傾向並不可取，痛恨它們又很痛苦，放任它們又會造成混亂，那麼該拿它們怎麼辦？最明智的做法是學會接受它們，既不讓自己的行為受其左右，也不對其有所反應，同時秉持正念、寬容與智慧行事。正念的自我疼惜有助我們記住尋求長期幸福的想望，看見自己每個舉止的潛在後果，並據此做出抉擇。所以，比方說，當我即將陷入煩躁時，我能體認到憤怒本質上是痛苦的，也可能損及我的人際關係。我也能明白，若放任憤怒表現出來，會使得這種痛苦的心智狀態長久延續下去。另一方面，耐心與寬容的特質則能與他人建立起良好的連結。正念也會在我內心強化那些特質，帶給我平靜與幸福感。越能看清這些選項，理解每項特質與我長期的痛苦或幸福息息相關，就更能容易做出明智的抉擇。

你會注意到，我沒說不當情緒是「錯的」或「壞的」。這與佛陀的訓誡相當一致。祂說過最激進的其中一件事就是，不當習性若是能予人平靜，祂就不會教人棄絕。佛陀似乎根本不從「善惡」的角度看待我們所謂的道德。在佛教裡，實踐道德規範不在於設法為善，而是認知到什麼是長期對我們及他人有利的，並據以行動。這是一種十分解放的觀點，將一個我們往往以為的「道德」問題（我們的道德行為）變成實際問題：我們如何過得好？我們抽離了對於自己是「善」是「惡」的抽象考量，轉而思考更具體與經驗性的問題，例如，我們該怎麼行動、說話與思考，好為自己帶來平靜，並嘉惠他人？

在道德上理解自己，就能學會擁有同理心與慈悲心，即使對自己內心較具破壞性的傾向亦然。那些不當傾向都是我們亟欲尋找幸福的企圖。我們的仇恨、嫉妒以及其他不良習性，都是企圖在脫離痛苦或尋求自認能帶來平靜與幸福感的策略。那些習性是策略，但問題就在於這些策略無效。我們的任務是要尋得更好的策略。巧妙過生活的意義就在於此。

練習自我疼惜就像學著當一個以慈悲與明智對待我們自己的人父人母。當這個「孩子」在某方面行為不佳時，他需要的不是我們的仇恨或完全認同，而是慈悲與明智的導引。這正是為何希望在追求長期幸福上可見成效，就得先學會理解自己的原因。

迷思六：我不值得自我疼惜

我和前妻在養育孩子時，對用於敘述他們道德行為的語言非常斟酌。與其告訴他們說他們很「好」，我們更會說：「你朋友跌倒了，你給了她擁抱，我覺得這非常貼心。

你真的幫助她感覺好過一點。」我們意在藉由稱讚他們的行動，鼓勵合宜的行為，同時也幫助他們明白那些行動的結果。我們會點出他們做的某件事造成了不良後果，但是從未說他們本身是不好的。我們也許會說：「你搶走了朋友的玩具，她很難過。去讓她知道你很抱歉，好嗎？」我們從來不以孩子的作為去界定他們。不過，家族裡其他成員自有其溝通風格。家人互訪時，孩子常被問到的一個問題往往是：「你有乖乖的嗎？」事後他們會來找我，既苦惱又困惑地問：「爸比，我乖嗎？」看到孩子這麼容易被引導，認為自己是由自己的行動來界定，對他們自身的價值產生懷疑，著實令人氣餒。人太複雜，根本無法以這麼粗略的標籤來歸結，而且人在本質上也是無法定義的。

我們對自己不帶任何看法地來到這世上，因此沒有自我評斷。但隨著年紀增長，我們開始將他人對我們的批評內化，開始批評自己。根據截然不同的標準評斷自己與他人其實並無幫助。觀察他人時，我們所見的不過是他們的外在層面——他們的言詞與行為。而我們內心的想法，也只有一小部分會洩漏給外界知道。可是我們在觀察自己時就像坐在球場第一排，所有想法、感受、信念及態度全都看得一清二楚。我們看到自己的疑慮、自私的本能，以及沒有表現出來的批評。這些問題人人都有，但由於我們在別人身上看不到，便往往假設他們沒有，於是批評自己也就比批評別人更加嚴厲。我們開始相信自己有什麼地方特別差勁，缺點特別嚴重。「一個缺點這麼多的人，怎麼可能會有人愛？」也許我們會這麼想，認為自己不配。

一行禪師說：「你是宇宙的一部分；你是星辰所組成。當你看著摯愛，你知道他也是由星辰組成，內心承載著永恆。這麼看，我們自然感到崇敬。」這段美麗的話可以翻轉過來。你的摯愛身上有價值的地方同樣也出現在你身上。你我彼此當然都是獨特而互異，但我們的相似處更多。我們都是由同樣的化學元素組成，它們又借自在這星球已無盡循環數十億年的元素。我們都有相同的基本意識覺察；它並非互異，而是像水，只是在你我之間流動的方式各有不同。意識根本上既神奇又難以解釋，這表示我們自己也同樣既神奇又難以解釋。我們都擁有成長的能力，擁有覺醒的潛力。我們值得尊敬與愛。

我們能欣然原諒別人的事情，卻很容易拿來譴責自己。然而，如果別人值得慈悲及寬恕以待，那麼你也是。你與他們沒有不同——在所有真正重要的層面都沒有不同。沒錯，你不完美，但沒有人完美。沒錯，你犯過錯，但我們都是。沒錯，你經歷過困惑與懷疑，有時也造成自己和別人痛苦。而我們同病相憐。

有人曾說，一個人的負面自我對話正透露出他內心最深處的想法與感受，但是我完全不相信如此說法。我們對幸福都有根深柢固的渴望，那正是所有生命共同的追求。就連阿米巴原蟲都會遠離毒物，朝食物移動。這種尋求平靜、幸福或快樂狀態的本能是我們最深的嚮往。那是我們的核心。如果我們有一個本質精髓，那就是它。自我仇恨與自我批評不過是企圖實現這個嚮往的糟糕策略。它們表達的概念就像是：我要是不斷批評自己，最後就能不再犯錯，那麼我就完美了，那麼此生便能幸福。可惜，這個策略始終無法奏效。

我們的行動隨時都源於那些欲望。你今天吃的早餐大概就跟心裡想吃的完全一樣。你照顧自己的身體，洗澡、刷牙，讓它聞起來清新迷人。你挑選自己喜愛的衣物。你若是跟大多數人一樣，一天當中就會在某個時刻犒賞自己一杯好咖啡或是喜歡的點心。你會在過馬路時小心謹慎，確保自己不會受傷。今晚你應該會看喜歡的電視節目，甚至是在寬螢幕電視上欣賞，而你當初會買下它就是因為你想要。簡單說，我們可能口頭上會說我們不愛自己，但是實則會像是對待自己最親密的朋友那樣對待自己。佛陀觀察到了這一點，因此祂說：「人可能說『我不愛我自己』，但其實愛。為什麼？因為他們將自己當成一個心愛的人那樣對待。」

我們會注意自己直接加諸在自己身上的嚴苛與批評，卻視自我關懷和善待自己的行動為理所當然，因而不知珍惜。只要去注意和欣賞我們已有的善待自我之舉，就能平衡我們的自我觀點，進而更快樂。在進行任何自我關懷的行動之際，無論多麼微小，我們都能說：「我在照顧自己，我對待自己就像對待朋友。我正在對自己展現寬容。」試著在你買咖啡、吃點心，或坐下來看電視時這麼做。在心中默唸這段或類似的話，好更完整地將自我關懷帶進意識。一旦體認到自己的善待自我，而非視為理所當然，也就開啟了確實感受到我們以仁慈待己的機會。

練習：每天，設法列一張清單，寫下你對自己展現仁慈的三個方式。當你坐下來列清單時，思緒可能只會專注於你對自己有多嚴厲。但是，讓自己放輕鬆，更去意識你做過、屬於自我關懷行動的那些小事。

雖然你不帶自我觀點和自我批評來到這世上，但天生就有深刻的愛的能力。這個能力與你追求快樂及幸福的核心欲望並無二致。事實上，它正是那個欲望最純粹的表現。當你脫離母親的子宮後，最初的渴望就是愛與被愛。對於「你是誰」，愛的能力比你可能有、或你以為有的缺點或限制更重要。有時，我們會說我們無人能愛，而這令我們痛苦。但這種痛苦是沒有必要的，因為有一個人一直能讓你表現愛——「那個人」就是你自己。有時，我們認為沒有人愛我們。同樣地，一直都有那麼一個人。如果你允許自己，那麼你現在就能感受到被愛。

當我們對這世界展現愛的渴望時，它不只帶來喜悅，還有更深刻的東西——美好人生的感受，目的與意義感，對羈絆的歸屬感。非愛的諸多樣貌——批判、不耐、憤怒、仇恨與殘酷——會阻擋愛的出現，進而妨礙我們體驗愛的好處。在人類的成長過程中，愛經常會與非愛遭逢，也學會說：「這不屬於這裡。無論我對自己抱持著仇恨、憎惡或反感，我都得放手。」

我們都值得擁有自己的寬容與愛，而且也難以長久都抗拒自我疼惜。我們只需創造一個練習正念的空間，讓自己真正的本質，也就是我們固有的自我疼惜自然展現。

希望以上的建議與觀點有助你對抗在練習自我疼惜時會遭遇到的任何阻力。如果你依然有所抗拒，如下還有兩項建議。第一是用愛來面對你的抗拒心理。請注意自己的身體部位有哪裡出現抗拒感。或許是肚子內或心臟附近。現在，試著以寬容的態度看待這種感覺，就像看待一個身體不舒服的嬰兒。跟它說話，說「沒關係。我陪你。我們做得到」之類的話。如果做到這一點，你就等於踏出了抗拒的範疇，而且開始在練習了。最後，套句慈悲焦點治療中心（Center for Compassion-Focused Therapy）創辦人丹尼斯・托爾奇（Dennis Tirch）說的話：「也許你懷疑寬容待己是否真能幫助你面對自己掙扎已久的問題。記住，如果自我疼惜最終對你沒有用，你隨時都能回去繼續折磨自己。」

第三章
自我疼惜的四個步驟

在學習更加疼惜自己的過程中，我發現當中包含四個步驟。這四個步驟是以正念疼惜自己的核心，如果你只想留下這本書中的部分內容，希望會是這四點。本書隨後各個章節就是在探究這四個步驟，以及構成其基礎的能力。我們將瞭解這些步驟為何重要，又該怎麼練習。這四個步驟是：

一、認知到自己正在受苦，

二、放下讓自己有所反應的那個情境，

三、有意識地接納、並觀察出現的痛苦感受，然後

四、為自己正在受苦的那部分，給予慈悲與慰藉。

練習過這四個步驟之後，往往會產生不由自主的改變。我們會發現自己出乎意料地自然出現明智的反應。我無意將這一點列為第五個步驟，因為它和其他四個步驟不同。這個反應不算是我們「做」的事，而是內心自然浮現的東西。我在本章末尾會舉出幾個例子，說明如何在生活中運用這四個步驟，以及此舉會自發地生成什麼樣的明智行動。

第一步：認知到自己正在受苦

練習自我疼惜意味著需以慈悲和關懷回應自己的痛苦。所以，在練習之前，我們得意識到自己何時陷在痛苦當中。奇怪的是，我們卻往往忽略了自己其實正在受苦。原因之一是我們深陷在自己的反應想法與情境裡，因而發現不到自己受了傷。比方說，朋友說的話傷了你，你卻一直在想他實在不該那樣出口傷人，或是擔心這段友誼就此結束。或者，你焦慮地為一場面試預作演練，以免出錯，卻渾然不覺焦慮的痛苦。我們只注意著那些在痛苦周邊圍繞的想法，而不是痛苦本身。

忽略痛苦的另一個原因是，我們不願承認自己的脆弱。也許我們認為受苦就象徵失敗，或是只有軟弱的人才會受苦，而不是將痛苦視為人類普遍的處境。我們因此假裝沒有什麼問題，毫無怨尤地否認自己正承受的痛苦。所以，練習自我疼惜的一項重點，就是將痛苦的感受視為不過是人生的現實，是每個人都要面對的東西。感覺不安或痛苦並不可恥。它是身為「人」再平常不過的一環。我們都一樣。

忽視痛苦可能還有另一個原因，就是我們壓根兒沒認出那就是受苦。說到受苦，也許我們想到的是身受重傷或罹患重症的病患、逃離戰爭的難民、飢荒國家挨餓的孩子等等。如果我們是這麼認知受苦，受苦就會像是一種特別而罕見的事件，不會發生在我們身上。然而，這世上眾人每天實則都在受苦。

你最近遭遇過以下哪些情境？

- 擔心別人對你的看法
- 覺得受傷或憤恨
- 缺乏耐性
- 覺得丟臉或羞恥
- 認為某件事令你憤怒
- 感到傷心或沮喪

・嫉妒
・覺得無聊
・照鏡子時不喜歡自己的模樣

這些都是日常體驗到的受苦。沒錯，這些不是會登上報紙頭版的新聞，像「某女子想起吸引異性的失敗經驗時抽搐」或「某遲到男子心生挫折，因而連闖數個紅燈」。然而，只要仔細檢視自己任何一天的心理狀態，你就會注意到大多數時候你都在各種受苦中進進出出。這影響了我們的整體幸福程度，最後形成一種長期的不安感。你現在看看周遭，不少人很可能也正在受苦。有多少人表現出真正幸福的跡象呢？在痛苦中進進出出的不是只有你。與配偶的衝突、財務壓力、健康問題或是工作不穩定，若是再加上長期不愉快的狀況，我們生活中的痛苦量可能相當可觀。當然，你我的痛苦未必都屬於這種日常型，我們偶爾也會經歷高壓事件，像是離婚、喪親、失業或罹患重病。自我疼惜能幫助我們在面對日常的痛苦時維持平衡，也有助我們度過更嚴峻的挑戰帶來的情緒風暴。練習自我疼惜，就能擔保至少會有一個人——也就是我們自己——能在危機期間提供支持與鼓勵。

初級與次級痛苦

情緒痛苦的經歷過程會有兩個階段。人腦那些在演化早期演化過的區域，像是杏仁體和基底神經節，持續監測著我們的內外環境，注意會影響安適狀態的威脅，一旦偵測到可能的威脅，就會產生生理變化，引發身體上的不適或痛苦感，有助我們迅速對威脅做出反應。可惜的是，我們回應痛苦事件的方式卻往往造成更多痛苦。

想瞭解這個運作，不妨設想自己就置身在前述例子中，是個趕著赴約而連闖紅燈的人。我們都有過如此經驗，或是碰過類似狀況。我們出門晚了，正開車趕赴目的地，意識到所需的時間，更明白也許會遲到。接著，我們看到前方號誌轉為紅燈。腦子將這狀況詮釋成是對我們幸福感的威脅。我們發自內心知道這項威脅，因為感覺就在體內油然而生。也許是肚子有了不舒服的緊張糾結感，或是覺得內心一沉。這些都是初級痛苦的例子：古老的腦示意有威脅出現了。

為了回應痛苦，腦的其他部位便接手「處理」這個威脅——但更常只是「反應」。也許我們會發現自己在想像即將面對的非難，演練著該怎麼免受責備（怪給交通可比承認自己太晚出門更容易為人接受）。或許我們會把怒氣發在交通號誌上，或是紅綠燈程式設計者。我們可能會認為自己受到不公平待遇：「這種事老是發生在我身上！」又或者，氣自己出門前還設法「多做一件事」。但這些想法全都會導致更進一步的痛苦感和緊張感。你的肚子會糾結得更緊，心跳得更快，身體更緊繃。我們會因即將得為自己辯解而覺得羞恥或丟臉。這些都是次級痛苦的例子。當腦對我們的初級痛苦做出反應時，就會顯現在身體上。

這裡要提出一點，上述那樣的次級痛苦其實都是不必要的。我們不必做出反應，不必有那些想法。我們之所以有所反應，是因為我們習慣那麼做。我們還沒發展出足夠的正念，能認知到造成自己受苦的正是自己。我們的意識還不夠清楚，不知道還有其他回應方式。還有一點要提出的是，次級痛苦遠比初級痛苦強烈，而且漫長。我們對痛苦的反應會引發比痛苦本身還要多的苦痛。要是沒有心理反應，初級痛苦（肚子糾成一團、心往下沉）可能在一、兩分鐘內就會消散，因為副交感（「休息與放鬆」）神經系統會發揮作用，讓人恢復平衡。但交感（「打或逃」）神經系統反而是產生一個控制不住的反應，害得我們更加失衡。即使沒有受傷的危險，憤怒、沮喪或懊悔的想法還是會對身體造成長久且痛苦的壓力狀態，因而強化我們置身在緊急狀況中的感受。

我舉的例子也許略顯細瑣，但是正如前面所提的，如果接連面臨看似不重要、但實則高壓的情境，最後便可能形成長期受苦的狀態。有一句古老的經文說：「須知滴水落，亦可滿水瓶。」接續在初級痛苦之後的反應想法，導致了次級痛苦——這個機制也可見於形式更極端的精神痛苦中，例如極度寂寞、嚴重焦慮以及抑鬱症。

兩支箭

佛陀曾以一個令人難忘的意象，闡述初級與次級痛苦之間的關聯。祂說，我們的初級痛苦就像中箭。這種痛苦可能是肉體上的，一如感冒或背部肌肉拉傷，也可能是精神上的，就像感情受創、遭受驚嚇，或是覺得寂寞。但因為體驗過痛苦，所以我們「未經訓練的常人」會抗拒。佛陀雖是以「悲痛、憂傷與哀嘆」等心理反應形容這種抗拒，但我們現在更可能以憤怒、自憐和災難化形容。由於這些習慣性的反應造成我們更加痛苦，佛陀說，那就好比我們對中箭的反應是再用另一支箭射自己。我們把自己當成人肉箭靶，一再傷害自己。「第一支箭」是無可避免的，只要身體與神經系統正常運作，我們就會感受到不同的身體與情緒痛苦。我們最終是否要讓自己承受更進一步的痛苦，完全取決於自己。次級痛苦絕非必然。

理想上，如果我們是「受過訓練的門徒」，而非「未經訓練的常人」，就會注意到第一支箭的初級痛苦射中我們，並且完全不做反應地接受。經過大量練習，我們甚至可能達到那樣的境界，至少有時候可以。但是你不必擁有超能力，才能練習以正念疼惜自己。我們只需要留意地認知到痛苦的出現，無論那痛苦是第一支箭，或第一與第二支箭共同造成的結果。一旦認得出自己處於不適、痛苦或沮喪的狀態，我們就放下反應的弓，不再射出那些「第二支箭」。如此一來，也能止住不必要的後續痛苦。

練習：在日常活動中，留意你與他人感到痛苦或不安的小事。記住，受苦的經驗並不代表失敗，那不過是人類生命無可避免的一部分。你或許可以告訴自己：「此刻雖痛苦，但每個人都會經歷痛苦。且讓我以正念接受這樣的感受。」試著放下你在痛苦時可能會有的想法，專注於關照身體出現的所有感覺。

第二步：放下自己想像出的故事情境

反思能力是人類最偉大的天賦之一，卻也可能是一種詛咒。我們的心智已演化出一種獨特能力，能從回顧過往的經驗中學習。我們在這個學習過程中，常會創造出解釋性的敘事：發生了這件事，接著發生了那件事。也許它們互有關聯？這項反思與連結因果的能力讓我們得以解決許多問題，發展出文學、心理學、科學以及科技的文化。只是這種「編故事」的能力也為人帶來了麻煩，因為我們為了解釋痛苦而造出的故事本身也可能會產生痛苦。朋友沒有立即回覆你的訊息？那肯定表示他們根本不在乎你！沒收到回覆的失望初級痛苦（第一箭）可能只會維持一分鐘，但自己想像出來的故事（第二箭）卻會引發進一步的痛苦，而且往往更強烈，也更持久。有時，我們對短暫痛苦事件的回應最終反而讓自己困在憤恨、擔憂與憂鬱的模式中，而且持續多年。

我們痛苦的情境可能是在責怪他人，或認為自己經歷的苦痛實在難以承受，甚至不該發生。如此情境甚至會創造出完全虛幻的威脅。比方說，我們能鉅細靡遺地想像出未來的災難情境，引發深度焦慮。這些最難理解、卻也最有力的故事，有些涉及了我們是誰，我們不討喜的特質，或是我們本質根本缺乏善良。

我們可能被自己故事表面上的「正確性」所騙。記得我在管理某間禪修中心時，團隊裡某位成員有回決定先去處理一項非緊急任務，導致他大遲到，很晚才趕上一場沒有他就無法進行的會議。在等他到場之際，我發表意見，說他一定是自視比其他人優越，才會這樣浪費大家的時間。一個朋友對我說，我這麼想其實無濟於事。我重複陳述了我的意見，但表達方式稍有不同。朋友再次提醒我，我的說法沒有幫助。但此時不滿已讓我的情緒到達頂點，其實我已經開始在怒吼了。我依稀記得我甚至在用數值計算那位缺席者自視比他人重要到什麼程度。「你這樣真的對任何人都沒有幫助。」我朋友說。最後我才明白他說的對，我的反應不過是在製造壓力與衝突。可是直到那當下，我都對自己的看法深信不疑。

我們對自己的認知之所以如此執著，又難以放棄，原因就在於我們某種程度上相信那是真的，而且有用，甚至對我們的幸福不可或缺。畢竟，這已經發展成了一種保護機制。憤怒演變成攻擊，好趕走威脅。自憐讓你我的痛苦彰顯於外，那麼別人才會前來提供慰藉。怪罪別人能保護你我的自我感，我們才能相信是他們有過錯，我們則是既良善又有價值。擔憂會讓我們去注意危險，促使我們預測出問題，進而避免。每個痛苦的想像故事都在試圖讓我們擺脫痛苦，儘管功敗垂成。

這樣的故事實在太可信了，即便我們已認知到那不是真的，會造成痛苦，而且大可將之拋下，它們卻會一而再、再而三地出現。但情況就是如此。沒關係。只要在意識到第二支箭的想法出現時盡快放棄就好。每當你這麼做，就會降低對那情境的投入程度，也會減少痛苦帶來的負擔，即便只有一點點。

採用「故事」一詞或許會造成誤導。有時，我們對第一支箭的抗拒可能根本沒有以言語表達出來，而是採一種在心理上將之「推開」的形式。它甚至可能顯現在身體上，我們變得緊繃，彷彿是在「準備迎接撞擊」。但無論抗拒是以何種形式呈現，都只會增添痛苦。而無論我們的抗拒如何展現，我們都能放開。

練習：在你注意到一天裡各種感覺來來去去之際，對那些感覺保持好奇——尤其是不愉快的感覺。它們出現在身體那個部位？是什麼形狀與質地？隨著時間有何變化？你對這些感覺的察覺與好奇程度，是否跟對身體的其他感覺一樣？你能否不斷放棄這些感覺引發的所有想法，僅僅察覺身體的感受？

所以，每當你認出自己正困在一個痛苦的故事情境裡，放下它。放下那個自己想像出來的故事。放下它不表示你毫無作為，而是你將精力與注意力從抗拒痛苦，轉向留心去觀察自己在當下的感官體會。我們踏出自己的腦袋，走進身體的意識，以及身體出現的知覺與感受。此舉會帶領我們邁向自我疼惜的下一步，那會將你我的意識轉向去關注第一支箭的痛苦，進而對它賦予愛、支持與鼓勵。

練習：在日常活動中持續注意想法與感受之間的關聯。當你查覺到自己困在令你不快樂的一連串想法中時，設法放下那些念頭，將注意力移回自己的身體與呼吸。

前面這兩個認知到自己在受苦、並放下故事的步驟，發生順序有時可能顛倒。如果我們是「思考型」而非「感受型」的人，就可能會先認知到自己困在無益的熟悉故事裡，

放下它，然後才意識到原來它一直在讓我們受苦。有時，這兩個步驟也可能同時發生。只要兩者都出現，先後順序其實無關緊要。

第三步：轉向痛苦，面對它

轉而面對痛苦看似完全違反直覺，我們演化而來的本能畢竟就是要避免或逃離痛苦。不過，有意識地去接受痛苦的感覺，是以慈悲與同理支持自己的重要前提。接受痛苦是什麼意思？這表示我們願意面對痛苦，而不是推開它或做出反應。

我們可鼓勵自己對痛苦的感受抱持開放態度，好抵銷與生俱來會抗拒痛苦的傾向。我們可對情感上的痛苦有所好奇，一如對身體其他的感覺感到好奇。我們能「看看」某種特別的感覺是什麼樣子，注意它出現在哪個身體部位。我們能觀察它的大小，占據了多少實際空間。我們能去注意它的質地，或許它感覺起來沉重或黑暗。有些人會察覺出與那種感覺有關的徵兆，不過，如果它沒有自然出現，就不要拚命讓它發生；只要面對浮現眼前的狀況就好。或許你會出現與它相關的緊張、壓力或動作。將自己的感覺貼上標籤也非常有用——比方說，將之命名為焦慮、哀傷或失望——但就算無法幫它們取名字也沒關係。

轉而面對痛苦的感覺時，我們有時會需要安慰自己。我們可以說「覺得痛苦沒關係。有這種感覺無所謂。讓我感受這個感覺」之類的話。這種鼓舞有助我們建立自信，也會占用一些心思，否則心就會忙著反應、擔憂與思慮。經過練習後，要轉向痛苦會比較容易。我們不再恐懼不安的感受，也變得更加勇敢。

感覺只有愉悅或不悅之別，絕對沒有對錯之分，若能認知這一點，便有助我們練習接受。這是佛教心理學大力強調的一點。感覺是非自主、且道德中立的，也就是說，感覺不是我們「做」的抉擇，因此不具任何道德意義。唯有我們去回應感覺時的想法、言語和行動，才有道德上的意義。所以你無須對自己生成的任何感受覺得羞愧。你就感受到你感受到的。光是「接受」，本身就已是深刻的自我疼惜之舉。

我們不必以冷酷而超然的態度去觀察痛苦的感受，而是可以用溫暖、支持與關愛的精神去面對。這會帶我們進入練習自我疼惜的第四步驟。在這個步驟中，我們會認知到自己有個部分正在受苦，進而給予它支持與愛。

第四步：對自己受苦的那部分給予支持

一旦認知到痛苦的狀況出現、放下故事，勇敢且有意識地面對痛苦感覺的第一支箭，我們就能開始對自己仁慈、支持與鼓勵。我們內心能以慈悲、溫暖和關愛的眼光凝視自己，和自己對話，撫慰那些感覺的所在。我們先來簡短地看看提供慈悲的各條管道。第七章將會有更深入的探討。

你知道有個仁慈又可靠的人看著你時是什麼感覺——當你受到如此關愛與認可，會有多麼暖心、安心，甚受鼓舞。你也知道在這凝視的另一端是帶著愛的注目。你我都擁有這樣的能力，因此，我們也能學習以仁慈凝視自己的苦痛——當然了，不是用雙眼，而是運用內在意識——藉此給予仁慈與慈悲。我們也能以對著受苦的朋友說話的方式，與自己對話：「我想讓你知道，我在這裡支持你。我知道你很痛苦，我關心你，希望你能擺脫苦痛。」表達出這樣的支持與同理心，十分具有療癒作用。一如你以肢體動作安慰受傷的孩子、受驚嚇的動物，或是為受苦中的朋友提供安撫和支持的碰觸，你也能將手溫柔地放在痛苦感受最強烈的身體部位，帶著慈悲與憐憫觸摸該處。仁慈的凝視、話語和撫觸——慰藉自己的苦痛時，結合這三項最見成效。

練習：當你意識到痛苦或不安的感覺出現時，試著面對它們（如同前面的練習），但也試著以仁慈的眼光看待這些感覺，視為是自己正在受苦、需要你支持的部分。對它們說些安慰的話語。如果安全、也不至於引人側目，不妨將手放在感覺最強烈的身體部位，給予撫慰。

我們都會經歷將自我疼惜當做某種可用以擺脫不安感受的「秘訣」的階段。我們認為痛苦是內心的「壞」東西，想趕走它。如果試圖這麼做，甚至只是抱持這種態度，那麼我們就還是陷在對痛苦做出反應的死胡同中。設法擺脫痛苦不過是另一支「第二支箭」，會生成更多痛苦。事實上，如果企圖將自我疼惜當成擺脫痛苦的方法，那麼，我們練習的就不是慈悲，而是恐懼與厭惡。然而，我們在某個時間點會意識到自己暗地裡是在抗拒痛苦，進而放手，轉變為真正的接受。

你的痛苦有資格得到慈悲。我們以仁慈和慈悲對待痛苦，不是為了將它驅走，而是因為痛苦正需要仁慈、慰藉和支持以待。慈悲是對痛苦最適切的反應，無論那是身或心的痛苦，是我們自己或他人的痛苦。如果你在照顧受驚嚇而哭泣的寶寶，絕不會對他吼叫，要他別那麼笨，或是把他當成沒用的東西。畢竟，他只是在用他僅有的語言表達自己的苦痛。用出於恐懼、厭惡、缺乏同理心的方式去回應，只會加劇他的痛苦。每個人都有這樣的恐懼、如同小孩般的那一面。我們無法逃避它，而以不善的態度對待這個恐懼，只會為自己帶來更多痛苦。但我們可以學習對它展現愛。它越是認知到自己擁有愛與支持，就會變得越平靜。

雖然我說過，我們不該為求擺脫痛苦而去練習自我疼惜，但若是能對自己的痛苦真正地慈悲以待，某些情況中，痛苦其實會迅速消失。好幾次，我在意識到自己難過時演練自我疼惜的四個步驟，結果發現我不再哀傷，而且全程只在瞬間。然而我的人生中有時也會懷抱著痛苦的感覺度日，持續好多天、好多星期，甚至好幾個月，比方失去至親時。痛苦感自有其時間節奏，只要這感受與你我相隨，我們就需要持續給予它們支持與愛。想擺脫痛苦根本無濟於事，不過是加劇了我的苦痛。在長期憂傷時，我發現自己得一再回頭去「面對」那些痛苦感受，直到經歷的危機過去為止。

一旦用這種方式練習自我疼惜——認知到痛苦、放下故事、面對痛苦，並給予慈悲——我們往往會看到情況有大幅改變。神聖的正念疼惜停頓成為智慧與其他內在能量的管道，而那些能量是我們有時渾然不覺自己擁有的。如同先前提過的，我沒有將這一點納入自我疼惜的步驟，因為它不是我們所「做」的事情——它更像是一種自發出現在那神聖的停頓中的反應。

這就是自我疼惜的四個步驟。讀過這些內容後，我們接著來看看幾個例子，瞭解如何在受苦時運用這些步驟，也看看那些可能隨之出現的自發創造性反應。

自我疼惜四步驟的五個案例

例一：你跟朋友相處，但他說的話傷害了你的感受。

當朋友的話傷害了你的感受時，你平常的（反應的）傾向可能是生他們的氣，或是自怨自憐。在這個例子中，也許就出現這樣的情況，但你隨即發覺自己感到痛苦，於是你放下會讓情況惡化的憤怒或自憐故事，觀察自己受的傷。那感覺也許就像心臟周圍有一道瘀傷——幾乎就像是身體受到攻擊。你好奇地面對這個痛苦感覺，竭盡所能地接受它。你知道這個痛苦感既不是過錯，也不是軟弱的象徵，它只是腦內某個古老部位發出的訊號，警告你它認為那是個威脅。你用慈悲的眼光看待這種感受，對它說些安慰的話語。現在，你覺得獲得支持與理解，也擁有力量。或許，作為一種自發的反應，你聽見自己對朋友說（沒有指控，比你在如此情境下通常會有的反應來得冷靜與親切）：「其實，你剛剛那樣說讓我有點受傷。能不能用不同的方式再說一遍？」這種自發的反應是勇敢地展現脆弱，真誠地溝通，如此一來才能對彼此的關係進行相互理解的討論，因為它就在那一刻展現出來了。

例二：你對即將到來的健檢相當焦慮，擔心檢驗結果可能不佳，不斷想像最糟糕的情況。

在你對健康檢查的結果小題大作之際，你也注意到這些念頭引發了你的痛苦。於是你擺脫這個故事情境，轉而面對焦慮。焦慮讓你腹腔神經叢周圍出現一種不舒服感，心也亂跳。你認知到有部分的自己正在受苦，於是將手溫柔地放在那不適感受最強烈的地方。你說些安慰的話，像是「我知道你很害怕，但我陪著你。我們一起面對。」你以關愛的眼神凝視自己的焦慮，以給予摯友的那種慰藉與同理心看著它。也許你在結果揭曉之前斷斷續續仍會有焦慮的感受，但你知道你可以是自己慰藉與寬心的來源。你明白自己在經歷痛苦之際也能同時感到平靜。你提醒自己，我現在很安全。我現在沒事。你的自發反應在此時認知到事實，那就是眼下沒有立即的危險，在這一刻，沒有什麼值得恐懼。

例三：你在趕時間，卻因為街上一直有人擋住去路而備感挫折。

趕時間，又走在擁擠的街道上確實容易令人發火。它可能害得你心情惡劣，這就是你眼前的遭遇。可是你注意到，每當一個憤怒的念頭閃過腦海，像是「老天，快一點！」，你就為自己創造出更多痛苦，於是不舒服與挫折感便又增加了。於是，你放下那些憤怒的想法。你觀察身體裡的挫折感，也許到處都是，但應該集中在胸部與腹部。你對自己的不舒服說：「願你安好。願你快樂。願你平靜」——這句話取自慈愛冥想，我們將在第六章探討。此時情況開始有了改變。你的身體本能地不再往前傾，放慢了一點。你的呼吸更深沉也更完整。你發現自己正在質疑自己長期以來都認為這世界應該以你為中心、顧及你的想望才對的觀點。你發覺路上行人不是故意在擋你的路，大家只是繼續過著自己的日子。你發現我們都是自己生活的中心。了然於心，你於是露出微笑，對這些人感到溫暖，不久前你還認為他們的動作實在慢得惱人。你的自發反應在這裡得出一個深刻的洞見，那就是你並非世界的中心。

例四：你被各種要求壓得喘不過氣。

漫長的一天過後，你已經累了，卻又正忙著幫孩子做飯。你在備料之際還得盯著嘶嘶作響冒著泡的鍋子，壓力已經很大。雪上加霜的是孩子還吵個不停。通常你會因而勃然大怒，對著孩子吼叫，你這時也感受到那股脾氣就要上來，但你發現逐漸加劇的挫折感是身體痛苦、緊繃的一種形式，或許就像壓力感。你以關愛的眼神看待自己不舒服的感受。你深呼吸，微笑。仁慈、慈悲與耐心現在已進入了你的經驗，你也能給予你的孩子。所以你以說話取代吼叫，語氣親切而非暴躁。也許你知道自己一直都預設孩子在你壓力大時應該合作才對，還有，吼叫是讓他們乖乖聽話的好辦法。然而，你現在的自發反應，是認知到孩子自有其人生，無法期待他們總能迎合你的期望，而且仁慈及有趣等特質才是有效的溝通辦法，更能激發孩子的表現如你所願。

例五：你因為犯了人盡皆知的錯誤而羞愧不已。

也許你把一封內容有錯的電子郵件寄給了一大群人，或是即將上台簡報，投影片卻出了錯。你不停想像眾人都認為你是白癡，最好地上有個洞讓你鑽進去算了。接著，你發現你的想法才是造成自己痛苦的原因。於是你踏出步伐，遠離你痛苦和引發羞愧的想法，面對自己的不安：臉上、胸口和肚子出現灼熱感，尷尬得巴不得自己縮小、消失。你以仁慈和安慰的語氣對自己的痛苦說：「沒關係。我們都會犯錯。如果是別人犯下同樣的錯誤，你會告訴他們別擔心。所以我現在也要對你說同樣的話：沒關係。別擔心。」當你這樣給予自己慈悲，你發現呼吸更加深沉，身體也開始放鬆。焦慮這時也許還在，但已沒那麼強烈了。你不由自主地明白了，讓羞愧感受存在也沒關係。你知道那感覺終會隨著時間漸漸消失，在這之前你都可以支持自己。這個痛苦你會感受一陣子，卻也知道你能承受。

●

第二個例子中描述的見解——「我現在很安全」——是一項特別有力的方式，能改變我們對生活的理解。我發現自己在醫生說我「可能」罹癌之後開始小題大作，想像我就快死了，以後再也見不到孩子。美國的醫療費用極貴，當時我又沒有保險，因此聽到罹癌的可能時，我開始想像自己破產，無家可歸。當然，我盡可能以正念去面對這些駭人的預測，當我意識到自己困在當中，我就放開，將注意力轉回身體當下的體驗、周圍的環境，以及正在進行的事情。但我內心深處十分害怕，因此這些情景一再出現。

然而實則沒有立即的危險。我感受到的恐懼都源於我自己的念頭。我發現自己在洗澡或夜裡躺在床上時（反芻思考的黃金時段）會開始小題大作，而後發覺其實那當下根本什麼事情都沒有。我很溫暖，受到保護，還在呼吸，櫃子裡還有食物，心也仍在跳動。我沒有痛苦。身體機能全部完整無礙。「在這一刻，你很安全。」我會提醒自己，「現在一切都很好。」即使不愉快的焦慮症狀依然存在，那也沒關係。我能夠接受心跳加速和焦躁感，能以正念與之共處，感到滿足。「我沒事」，這個簡單的提醒便有顯著的安撫效果，對驚慌的我傳遞出「此際並無客觀的危險」的訊息。那些焦慮的不適症狀也時甚至會一併消失，改由喜悅取代。

尤其夜半在恐懼中驚醒時，我會以諾威奇的茱莉安[1]說過的話提醒自己：「一切都會好轉，一切都會好轉，所有事情都會好好的。」我像持咒一樣重複這段話，體會到強大的安慰感。這不是對自己保證壞事不會發生，而是我內心自有應變能力（即使我不確定它們從何而來）能度過所有可能會出現的狀況。

1 諾威奇的茱莉安（Julian of Norwich），十四世紀的英國修女，她所寫的《聖愛啟示》（Revelations of Divine Love）被視為是第一本由女性所寫的書。

我已經說明了，「感覺」是人身上古老部位偵測到潛在威脅或利益時所產生的結果。這看似是我們受到永遠的詛咒，會重複同樣的痛苦，相同的危險評估一再造成相同的痛苦感受。所幸大腦具有可塑性及適應性，能學會先前視為威脅的事情其實反而是有利的，或者至少不必對此驚慌。在前述那個朋友說話傷了你的例子中，你是將大腦重整，不將那狀況視為存在的威脅，而更像是溝通的問題，甚至是一個值得期待、能學習如何與他人產生更好連結的機會。這樣的認知改變了大腦，將來面對類似情境時，你更能以不造成極端痛苦的方式去處理。我說這「改變」了大腦，真的就是實際的改變，因為新的學習會產生新的神經路徑，所以大腦會自行重新佈線。

當我們學習以不會造成痛苦的方式去看待艱困的情境時，腦部也會重整。比方說，當你發覺受苦的自己其實並不孤單，就會產生極為不同的反應，跟你認定自己相較於他人就是不足、人生失敗，而且想像別人表現良好、意氣風發的那種反應截然不同。不那麼以自我為中心，能讓人擺脫發覺自己絕非這世上最重要的人時的挫折感。

練習自我疼惜所引發的神聖「停頓」，其實讓我們得以產生有意識的覺察，進而發現最初的假設與規則實則會造成痛苦，並將之轉換為更務實、更有助益的新觀點。這麼一來，我們日後也就比較不會受苦。我們永遠無法為自己創造出沒有痛苦的人生（就連佛陀也曾受苦），但透過練習正念自我疼惜，以及它再訓練神經路徑的能力，我們能學會以更平靜、更平衡、更和諧的方式生活。

●

我發現，這四步驟相當適用於處理我人生中的所有苦痛，而自發反應會接連出現，而且往往是以出人意料的方式。我的學生也發現同樣的狀況。一個來自斯德哥爾摩、上過我的二十八天自我疼惜線上課程的醫科學生寫道：「真難相信一個月前我對自己那麼嚴苛，用冷酷與傷害的內心故事回應痛苦。如今我已能更快去注意到，設法將之放下。那些言語和想像已經不像過去那樣緊緊掌控我。我能專注於身體的感受，心想：『噢，這只是我的腦在傳送苦惱的訊號』，這很令人欣慰。」能認知到我們的痛苦「只是腦在傳送苦惱的訊號」著實是一種解放的體認。

就像我強調的，這個四步驟過程未必會讓我們的痛苦煙消雲散。不過，重點本來就不在於讓痛苦消失。以這樣的方式慈悲待己，有助我們免於將自我批評、憤怒、自責等等「第二支箭」射向自己，因此也能擺脫不必要的額外苦痛。它有助我們建立正念、勇氣、接受與智慧的習慣，進而融入生活的肌理，自我疼惜因而不再是一項「練習」，而是徹底成為人生之道。

第四章

處於當下的奇蹟

詩人威廉．史塔福[1]寫過：「當你轉身時，誰能給你什麼，好過此時，就始於此地，就在這個房間？」所以，此時此刻，請注意你的眼見，注意你的耳聞，感受你的身體與座位或地板的接觸，注意身體在呼吸時的律動。觀察你感應到的所有事物愉悅與否，但不做價值評斷。觀察愉悅與不安感受，好似它們一如其他感覺。同樣地，不帶價值評斷地注意此時浮現的任何想法或衝動。如果你剛好陷在那些想法好一陣子了，或是發現自己產生價值判斷——那麼就承認木已成舟，然後讓你的意識與直接感知經驗重新連結。如果願意，現在你可以閉上雙眼，繼續練習幾分鐘。

方才你做的這件事，就是在練習自我疼惜的第一項能力——正念。正念是我們在體

1 威廉．史塔福（William Stafford, 1914-1993），美國詩人及和平主義者。

驗出現時，時時刻刻對它的一種簡單而自然的關注。正念完全不神祕，並非大多數人所謂的性靈。不過，正念倒是也有些許神聖的成分。作曲人約翰．格林里夫．亞當斯[2]就寫出了拋開悲痛想法時發生的情況：「我們必須暫停——一段神聖的停頓，充滿深刻的現實、動人的想法、美好的指示、難以言表的情緒。」正念會創造出這種神聖的停頓，我們此時能放開——至少在某種程度上——自己尋常的反應習慣。在這個神聖的停頓中，我們有機會放下自我批評、憤怒、怨恨以及自憐。這時會出現更睿智、更慈悲，以及更真實的反應：耐心、接受與仁慈將綻放；自我覺察與個人責任會出現。性靈修練正可在這神聖的停頓中進行。那正是我們得以成長的地方，也是自我疼惜誕生之處。一如花卉需要土壤才能生長，自我疼惜則需要正念。沒有土壤就沒有花朵，沒有正念也就不會有自我疼惜。

陳述正念要比定義它來得容易，最簡單的表達方式，就是將之與我們相當熟悉的失念（unmindfulness）經驗做對照。你知道為何你有時開車抵達目的地，卻不記得沿途發生什麼事情嗎？有時你會陷在焦慮或憤怒的思緒中，類似想法接續而來，痛苦深淵越挖越深？你如何完全陷在自己內心創造出的想法，彷彿沉浸在一部「扣人心弦」的電影裡？這些都是你我「失念」的例子。我們失念時，沒有全然專注於自己的體驗；這就好比處在自動駕駛模式，或是掃地機器人在屋裡碰碰撞撞地遊走，有時會撞到物品，改變方向。那是純粹反應式的，對於自己是什麼或是在做什麼毫無意識。它對所做的事情沒有選擇，也沒有自由。可悲的是，我們很多時候就像那樣子。

心理學家麥特．奇林沃斯（Matt Killingsworth）在哈佛大學進行其博士研究，當中有一項資料涵蓋了數千名各種性別、行業與年齡的參與者。它從 iPhone 應用程式蒐集數據，該程式會隨機將訊息傳給參與者，問大家當時在做什麼、想什麼，以及感受。此舉的目的是在探究分心（distractedness），也就是失念的別稱。就奇林沃斯研究的目的來看，分心就是你正在做某件事，心中卻想著另一件。他發現，人的心思平均有百分之四十七的時間會遊蕩到它方。這只是平均值；你會注意到，有些活動更吸引我們的注意力。當我們在做無須認真思考的例行活動，例如整理個人儀容時，分心的時間可能達百分之六十五。即使在進行性行為那麼投入的事情時，也有一成時間在想著別的事情。最重要的是，奇林沃斯確認了一件所有冥想者都知道、但經過實證確認也無妨的事情：我們不僅心思時常遊蕩四方，分心也會降低我們的幸福感。分心的心思是不快樂的心思，

2 約翰．格林里夫．亞當斯（John Greenleaf Adams, 1810-1897），十九世紀的新罕布夏州作曲人。

我們分心的思緒經常包含痛苦的渴望、焦慮、懷疑，或是抱怨。事實上，奇林沃斯指出，即使在做看似不愉快的事時，例如困在車陣當中，要是能夠「處在當下」，專注於眼前的體驗，都會比在相同情況、卻心有旁騖來得快樂。或許你會以為若想用自己的想法去逃避不悅的情境，就得去想讓自己更快樂的事，但這招通常行不通。原因在於，當我們分心時，思緒並非朝有意識的方向進行，而是習慣、自動的。我們的念頭就像掃地機器人，不過是反應性地到處跳躍，從一個情緒轉移到另一個情緒。

正念的最主要特徵在於它是一種「觀察」的狀態。當我們處於正念時，內心會有一部分專注於自己正在做、正在想和正在感受的事。誠如斯里蘭卡的佛僧德寶法師（Henepola Gunaratana）所說：「正念就是觀察不斷流逝的經驗流。」，正念臨床應用的先驅喬．卡巴金（Jon Kabat-Zinn）在《完全災難生活》（Full Catastrophe Living）一書中，對正念所下的定義是「刻意觀察身心的過程，讓你的經驗從此刻發展到下一刻，接受它們本有的面目。」當我們失念時，並沒有在觀察、監測或評估正在發生的事情。在沒有指引的情況下，心思會不斷產生令我們難過的想法，我們內心沒有一個觀察者提醒：「等等。你這樣會讓自己慘兮兮。怎麼不放下這一連串的想法，或是從不同的角度去思考呢？」

在所有的日常活動中都能練習正念。不論是洗碗、摺衣服、喝咖啡、走路或開車，隨時都可帶著正念進行，你只需專注於期間出現的各種體驗。我們通常會將身體的覺察當作自己的支柱，因此，觀察身體的運動與感覺有助我們停駐在當下，而不是因一連串的念頭而分心。以那些身體感知為背景，我們能獲知自己的感受，甚至留意到自己的想法，降低陷在其中的風險。練習正念並無法阻止念頭生成，焦慮、抱怨、懷疑、渴望的想法還是會出現，不過，我們會觀察到它正在發生。在觀察自己的想法時，我們的注意力並不會陷在其中，而是會保持距離，注意正在發生的事。這就像坐在堤岸上觀看水流，與無助地置身河中隨波逐流兩者之間的差別。

觀察體驗，這個簡單的動作開啟了全新的存在方式，以及改變的新世界。由於正念讓人得以觀察自己對增進幸福感並無助益的那些想法或反應，所以也等於給了我們選擇——放手的選擇，改變方向的選擇。現在我們有了自由，能培養諸多可提升人生層次的特質。我們能選擇好奇，選擇有耐心，選擇仁慈，選擇勇敢面對內心的任何艱難。我們能透過正念有意識地培養各種正向特質，包括自我疼惜。缺了正念，這些就不可能發生。這也就是我為何會說，沒有正念就沒有自我疼惜。

雖然在所有日常活動中都能施行正念，但冥想已經發展成一種「正念的鍛鍊」，我們能以更專注、更有系統的方式培養自己的正念能力。冥想時雖然可站、可躺或邊走邊做，但通常多以坐姿進行。再說一次，我們通常會將注意力放在身體出現的感受，而且往往是從呼吸中生成的感覺，那是我們身體體驗中最明顯、也最強有力的部分。我們不是去思考身體或將身體視覺化（這是對冥想常見的兩個誤解），而是去觀察與體驗身體的感覺，以一種輕鬆而自然的方式去注意。我們能留意空氣進出身體的感覺，胸部與腹部的起伏，甚至是皮膚與衣物之間不斷變化的觸感。

冥想新手對於念頭經常出現、而且因此分心，特別容易失望與氣餒。所以我們有一個機會，可在練習之初就先發展更多自我疼惜。瞭解、並接受分心其實再正常不過，而且是自我疼惜之舉，有助我們更有耐心、也更能接納。分心並非失敗，畢竟我們也只是凡夫俗子。每當察覺自己分心時，就不帶價值評斷地放掉那些我們沉浸其中的想法，讓注意力回到身體與呼吸上。這個放掉想法、回到身體的簡單動作，會對心靈產生撫慰效果，能增進冷靜、舒緩與放鬆的感覺。

我們最初可能會發現，自己竟然專注在不斷分心這件事情上，反而忽略了自己的心思也相當自發地不斷創造正念的時刻。是的，心思會遊蕩，經常如此。但每次的分心，心思也都會返回正念。每個如夢般浮現的分心想法勢必會結束，而我們會發現自己「甦醒」了，進入一個更留心的狀態。你的心思有時可能就像是一台製造分心的機器，但這機器也會製造正念。認知這一點著實令人備受鼓舞。

當你意識到自己脫離了一連串分心的想法，那一刻就是珍貴的心靈良機。每當這種情況出現，我們都得以去練習耐心、接納、仁慈以及欣賞。有時我會建議冥想學生對自己的心思溫柔以待，就像將離開小窩亂跑的小貓咪歸還給貓媽媽那樣。

坐定冥想時心與身體產生的連結，讓我們有機會練習自我仁慈與自我疼惜。讓身體處於緊繃狀態就等於不善待自己，那正是你我在做價值評斷或抱持嚴格期望時會有的狀態。此外就是採行難以維持的不舒服坐姿。我的冥想課上常有新生想盤腿而坐，即便他們的柔軟度還不足以舒服地採用這種坐姿。我猜他們是想讓自己看起來酷一點。可是，我們無須令旁人刮目相看——甚至對自己也是——沒有必須採行的「完美」坐姿。以舒服且自在的方式坐著很重要。在此同時，胸挺直，不要垮掉，我們坐進扶手椅放鬆時整個姿勢常會垮掉。當你沒挺胸時，胸部是壓緊的，難以有效地呼吸，而呼吸受限會造成腦部獲氧不足，進而導致難以專注。所以，要找一個輕鬆又挺直、開闊又自在的姿勢。這一點可優雅地以一句簡單的話總結，那就是「帶著尊貴感坐著」。

躺下來冥想是另一個難以練習正念的姿勢，因此最好避免。水平姿勢極可能會使腦袋昏沉，甚至直接送你進入夢鄉。不過，如果你因為傷勢或疾病無法坐直，那麼儘管躺下來冥想，只是你得學會控制睡意。

我們用來感受身體感覺等內在狀態及感情的機能，叫作「interoception—內感受」，它的字根意思是「知道或觀察內在」。我們的內感受能力起初可能發展得不好，檢視內在卻看不到太多。我們發現身體似乎相當無趣，感覺又難以捉摸，而我們的念頭相形之下則是活靈活現，非常吸引人（如此差異是人容易分心的一個原因）。不過，這一點會隨著練習而改變。我們感受感官體驗豐富細節的能力，也會隨著我們一再轉而去注意它而獲得提升。長期下來，觀察身體會成為活力充沛、令人滿足而愉悅的經驗——不僅在冥想時，也在一般日常活動中。正念，mind-full-ness，字中有full（滿），可是有原因的。

愛爾蘭詩人暨哲學家約翰．奧唐納休（John O' Donohue）說過：「能在這裡真是奇特而魔幻。你以一具軀體四處走動，內裡有一個完整的世界，指尖之外則是另一個世界。這是無上殊榮，而人類竟能不可思議地忘卻身在此處的奇蹟。」正念幫助我們重新發現這個日常的奇蹟，那是我們在年紀還小時都非常熟悉的。我們在練習正念時會發現，念頭一旦安定下來，身體便會自動表露出活力十足的模樣，充滿我們先前從未注意到的細微動作、連結，以及陣陣能量。我們內心能體驗到美，從呼吸的各個面向——空氣在呼吸道中的流動、橫隔膜的運動，到抵著肚子的腰帶不斷變化的壓力——以優雅而協調的方式合作中獲得愉悅。原來，呼吸就如同一段優美而高雅的舞蹈。這些轉變使得我們更容易抵抗分心，因為我們當下的感官經驗此時更有趣了。

觀察冥想中的體驗也會揭露我們的想法與感覺之間的關聯。一如微風吹過池塘會在水面拂出漣漪，我們的想法也會影響感覺。只要想起你喜歡的事物，例如最愛的食物或是心愛的人的臉孔，或許你現在就能體驗到。請去意識出現在胸部與腹部的感覺所產生的漣漪變化。帶著好奇心去觀察那些感覺，或許也注意一下這些感覺的特質——是暖還是冷，是擴張或收縮，是平靜還是劇烈，是愉悅還是不悅，是靜止還是動著？現在，想一個讓你不開心的事物。或許你會想到某人的臉孔，或是讓你作嘔的食物或其他東西。我們在面對不愉快的感受時，往往會有想將之推開的衝動，不過，測試看看自己能否允許它們存在。同樣帶著好奇心去注意這些感受的特質。一如感覺會受想法影響，想法也會被感覺影響。你心情不佳時的想法往往會比較嚴苛，心情愉悅時則比較樂觀正面。留意無益的想法能讓人不再產生不快的感覺，留意不舒服的感覺則讓人更能避免陷入負面思考。觀察這個感覺與思考的軸心，正是我們能做的最可貴的事情，因為它正是賦予人整個生活動能的發電機。至於它創造的是痛苦還是平靜，就端看如何讓它發揮作用了。

正念不只會改變我們的體驗，也會在身體層面產生影響。只要進行短短數週的正念訓練，腦部就能產生結構性的變化。我們已知在練習正念數週之後，杏仁體這個與恐懼及焦慮有關的腦部「打或逃」中心明顯變小，而與規劃、意識、專注、決策及情緒調節等高階功能有關的前額皮葉質則增厚。由於前額皮葉質是腦最具人類特色的部位，因此可說正念確實讓我們「更像人類」。

學習發展正念對某些人立即就可見紓壓之效。他們得到更大的自由感，更為自在。對於更專注於當下，關注身體、感覺和心靈，他們樂在其中。不過，發展正念對另一些人而言卻可能困難重重。發現自己的心靈竟是如此難控制，思考又是那麼馬不停蹄、負面且小心眼，有時確實令人震驚。如果這正是你的經驗，請別忘了這其實非常普遍，你絕非特例。你還得知道，這不過是個性比較容易自我批判的人得經歷的階段。若是不先知道「反應」的存在，就不可能處理它。由於學習更具備正念是一項挑戰，所以若是同時也學習慈愛或慈悲冥想則會有幫助，例如每天交替進行那些較以心為中心的冥想及正念練習。

兩種「看」的方式

我說過，練習正念讓我們得以觀察到自己體驗的不同面向如何相互連結。比方說，呼吸的所有運動與感知都互有連結；呼吸是全身的體驗。如我們所見，我們的感覺和想法也都緊密連結。但我們觀察體驗通常有慣用的方式，因此難以注意到這種互相連結的特性，即使在刻意培養正念時亦然。有趣的是，我們對雙眼所見及外在視野的理解，直接影響了我們對「內在視野」的內感受。

接下來，邀請你進行以下的實驗，看看它如何影響你。

練習：這個練習要探究我們理解視覺的兩種不同方式。

首先，讓目光自然落在地板或牆壁上相對空蕩的一處。如果沒有空白處，那就看著某個小東西，或是一個大型物品的細部某處。設法將注意力集中在那個焦點上，維持一到兩分鐘。注意力焦點即使不穩定也沒關係。你會注意到，視野周圍變得較暗，所以你的視野感覺好似變窄了。那也無所謂。

在繼續以這樣的專注方式觀察之際，請注意你體驗到的感覺基調。它像什麼？注意你身體是放鬆還是緊繃，注意呼吸的深淺與頻率。注意你的心是忙碌或安詳。

現在，讓目光輕鬆地停留在同一個物品上。放鬆眼睛周圍肌肉，就像你凝視著太空那樣。讓你的視線焦點軟化，開始去看視野中所有的東西，從中央擴及周圍，由上到下。讓自己去看每樣東西，別特別聚焦在任何東西上，也不要去看東西的細節。只要觀看整個視野範圍。

再一次，注意這樣的觀看方法如何影響你的感受。注意身體各個部位是放鬆還是緊繃，注意你呼吸的深淺與頻率，注意心思是安靜還是活躍。

多數人會發現，隨著目光焦點縮小，身體也會變得緊繃，他們感覺的基調開始變得緊張，或許焦慮，呼吸急促，而且集中在上胸部，可能同時也想著很多事情。相對地，當視線拉開之後，焦點變柔和，眼睛周圍肌肉放鬆，身體也開始釋放緊繃的壓力，你會覺得比較自在，呼吸減緩、變深，而且擴及肚子，心思也較為平靜，因此不論有任何念頭都會輕輕飄過。

之所以有如此差異，似乎是因為「狹窄」與「開闊」這兩種觀看的方式觸動了自律神經系統的不同部位。狹窄的目光會刺激交感神經系統的活動，而此系統負責的是「打或逃」的反射。這或許不令人意外。處於警戒狀態時，我們往往會專注於細節，仔細觀察對手的臉部表情，也就是像我們從事狩獵採集的祖先那樣，看著疏林草原上掠食動物的動靜。另一方面，放鬆的目光則會觸動副交感神經系統，而它負責的是帶我們回到休息、放鬆與平衡的狀態。當我們感到安全與安心，心思本身的焦點便不會那麼狹窄。我們會沉思、默想，以有創意的方式結合各種想法。我們會凝視太空，恣意狂想。焦點從狹窄到開闊的如此轉變，也可能深刻地改變我們與自己體驗的內在連結。當目光緊縮，內在視野變窄，一次便僅能聚焦在一樣東西上。譬如，我們此時只能觀察一小部分的呼吸。或是自己的思考，或是感覺。在注意力的光束如手電筒般狹小的情況下，幾乎不可能同時感受到全部，於是我們難以理解互異的經驗感受如何相互連結。再者，我們意識到的體驗不過是一小部分，能引起我們興趣的自然也就不多。唯一例外是我們的念頭，相較於其他事物，念頭往往顯得豐富又引人入勝。

相對地，當我們放鬆眼睛，內在目光也打開時，就能同時得知許多感受。我們的注意力會更像一盞燈籠，照亮許多事物。我們在呼吸時能感受到整個身體，同時感應到自己的思考與感覺，因而明白它們如何彼此連結。由於注意到許多感覺，我們的體驗是飽滿、豐富且滿足的，因此，更能投入其中，比較不會分心。各種念頭還是會出現，但此時那只是我們體驗的一小部分，我們也不再覺得它們有那麼吸引人了。這種焦點由窄而寬的轉變除了在閉眼冥想時可練習外，也可在日常生活張開雙眼時練習。它是我們在走路、和朋友交談或上台報告時都可做的事。放鬆眼睛，打開注意力的範圍讓它更具接受力，此舉將大大有助我們在日常活動中練習正念。

然而，冥想是發展正念的重要舞台。發展正念很大程度上就是冥想的目的。我說過進行冥想的通則，但我想在此提供一份可供你練習「三種形式的冥想」的簡短指南。我在此提供文字的指示，但也許你會認為在電腦或手機上輸入連結會更容易一點，那麼就能根據指示進行練習。

正念冥想一

三分鐘呼吸空間

這個三分鐘呼吸空間是現代的冥想經典。它優雅地讓我們看到，練習時間即使短暫，也能非常有效率。而且它容易進行：或許每天騰出二十至三十分鐘來冥想有點困難，尤其是剛開始時，但相信每個人都能挪出三分鐘。

收聽這種冥想

如果你想在練習時獲得指導，可在手機或電腦上輸入以下連結：

http://thisdifficultthing.com/meditation1

1. **抵達**

無論你或坐或站，去感受身體的重量往下壓，讓脊椎、脖子和頭顱成一直線。你可以閉上眼睛，但若是要睜眼，請讓目光輕鬆地落在面前的一個點上。現在，注意你感官裡出現什麼。注意聲音、光線、周遭空間、身體觸碰或壓制的感覺。出現了什麼想法？

什麼感覺？不要企圖改變什麼，只要觀察在場的事物，讓它存在，接受一切。

2. 呼吸

現在，體會身體裡那些與呼吸連結的感覺。或許你會注意到進出身體的氣流、胸廓的運動及肚腹的起伏。視怎麼樣比較舒服，你可以觀察呼吸的諸多感受，或是專注在一個區域就好，像是肚子，或是通過頭部通道的氣流。如果浮現任何念頭也是很平常的，無需做任何處置，只需繼續將注意力帶回呼吸上即可。

3. 擴展

現在，讓注意力向外擴展，注意整個身體：軀幹與頭、脊椎、肩膀、手臂、手、骨盆、臀部、腿和腳。再次注意你有什麼感受，以及心思在做什麼。最後，意識到周圍空間，以及空間裡的聲與光——如果你是閉著眼睛，那麼就去意識穿透眼瞼的光。現在，開始輕緩地移動身體，睜開雙眼。

三分鐘呼吸空間未必真的得花三分鐘，各階段的長度也不必完全相同。如果願意，你可以設定計時器計算三分鐘，但不是絕對必要；不論進行時間長短，這項練習都有益處。重要的是你花了時間關注自己當下的感知體驗，培養正念。這項練習也能融入那些相對之下我們不太會去投入的日常活動，即使只是幾次呼吸也好——例如說在超市排隊等結帳時、下車前，或是會議開始之前的短短瞬間。

正念冥想二

呼吸的正念

我所知的每項冥想傳統都包括「觀呼吸」這一點。觀呼吸之所以無所不在，有眾多不同的原因。首先，呼吸將我們與身體連結起來，保持身體的正念認知有助我們比較不會深陷在思慮當中。呼吸也將我們和自己的情緒狀態相連結，因為呼吸的頻率與深淺會依據我們的感受而有不同。本質上呼吸是隨時在變的，這使得它比靜態的感覺更容易觀察，而且呼吸與人形影不離，若要觀察也無需任何特殊裝備。

這不是要練習控制呼吸。我們無意以任何方式改變呼吸，只是帶著一點好奇心，觀察當下出現的情況。這個練習基本上跟三分鐘呼吸空間沒有不同，不過是花更多時間在呼吸上。

收聽這種冥想

如果你想在練習時獲得指導，可在手機或電腦上輸入以下連結：

http://thisdifficultthing.com/meditation2

一，準備

冥想之前，要是能將時間設得寬鬆一點會比較方便。初期設定十分鐘是不錯的目標，因為這長度足以讓你的日常經驗出現顯著的差異，又不會久到變成耐力練習。冥想時間目標若是太長，你可能會因為焦躁或不安而想縮短，而提早放棄可能會產生挫敗感，因而放棄冥想。

冥想時採坐姿比較理想。不過你不必盤腿，除非你對盤腿很習慣而且自在，否則以坐在椅子上入門會是更明智的辦法。找到讓自己端正的坐法：不嚴格也不癱軟，而是挺直、開闊與放鬆。如果你坐的是一般辦公椅或餐椅，有個技巧能幫助你避免出現癱軟姿勢，那就是腰部以上往前傾，臀部往後扭動，直到稍微碰到椅背後再坐起來。你會發現椅背為骨盆或下脊椎提供了一點支撐，如此一來，即能毫不費力地保持挺直。

試著放鬆後頸肌肉，這個地方常會很緊繃。當頸背肌肉變軟拉長時，頭的角度也會改變。理想上，頭顱最後會毫不費力地在脊椎頂端維持平衡，下巴則稍微往內收。

閉上眼睛，深呼吸兩、三次。呼氣時，盡量鬆開身體所有緊繃的部位。

二，**抵達**

注意有什麼感覺出現，給自己一點時間靜下來。即使閉著眼睛，你也能意識到穿透眼瞼的任何亮光。讓眼周肌肉放鬆，視線焦點放軟，就像凝視著太空那樣。注意周遭的聲音與空間。注意身體與地板或座位的接觸。讓自己意識到全身傳來的感覺：來自肌肉、關節及皮膚的感覺，以及吐納間在呼吸道中流進流出的空氣。

三，**探索呼吸**

保持對「呼吸」的好奇心。呼吸是什麼？它包含了什麼感覺？呼吸的感覺在哪裡結束，「非呼吸」的感覺又從何處開始？身體是否有任何部位不受呼吸影響？注意，呼吸不只是

「氣」那麼簡單。呼吸當然包括氣，但也涵蓋氣流進出時與身體運動相關的所有感覺。

胸廓的運動會引發某些最明顯的呼吸感覺。注意胸廓的運動不只在身體前方，也在側邊與背面。腹部的運動也很顯著。注意肚子的肌肉包住全身，一路到脊椎。除了肌肉和肋骨運動的感覺外，還有腹部和胸部皮膚的感覺。在你呼吸吐納之際，皮膚也正摩擦著你的衣物。

腹部在橫隔膜下壓而後放鬆時會產生壓力，接著釋放。脊椎也會移動，在吸氣時伸長，呼氣時回歸原位。肩膀也會起伏，而手臂因為肩膀起伏和胸部擴張與放鬆，也會移動。你可能會注意到骨盤腔產生壓力又釋放，尤其是在骨盆底。你也可能會注意到臀部施加在座位上的壓力增減，甚至觀察到腿部到腳部的感覺有節奏的變化，以及手臂，一直到指尖。

所以你能注意到的可不少，發現呼吸影響著身體不少部位，甚至全身。你甚至會感應到呼吸宛如一道輕柔的感覺之浪，席捲全身，有漲有落。你無須鉅細靡遺地觀察各個感覺，因為身體感覺的範圍實在太大，幾乎不可能那麼做。你要鎖定一個點，雖然這個注意眾多感覺的「任務」相當艱鉅，但實際上不會產生壓力。

在你觀察呼吸之際，心思可能會安靜一點，但肯定還是會浮現各種念頭。它們有時靜悄悄的，不引人注目地待在背景裡。若是如此，那麼就讓念頭繼續飄過。如果受到念頭干擾，念頭才會令人分心。但你有時會因為自己的想法而分心。如此一來，只要你意識到自己陷在思考當中，就盡快將之放掉。這只是冥想練習的一部分：跟著呼吸；分心；回到呼吸。我們就是這樣進行的。你能將這些吸引你注意的想法視為是來提醒你再次放鬆眼睛的，那麼，你的內在注意力範圍才會從宛如手電筒的窄小光束，變得更像是燈籠的普照。

這個「正念然後分心、正念然後分心」的循環，是為自己帶來些許溫和的自我疼惜的重要機會。你沒有必要因為分心而自責。在從白日夢回來的那個時刻，我們只要明白分心是正常的，就能生成更仁慈、更包容的態度。與其責備心思迷失在各種念頭裡，我們更應該感謝它又找到了回家的路。繼續以這種方式專注於呼吸，每當心思回到正念注意力，就歡迎它回家，直到計時器告知這段冥想結束。

四，向前進

儘管再多坐久一點，吸收冥想的效果。慢慢來。注意你的身體、感覺，以及你的心思正在做什麼。注意來自於外的感覺，或許可從你和座位、地板，以及碰到你皮膚的空氣之間的接觸開始。接著，稍微注意不是那麼直接的感覺，像是聲與光及空間。在依然閉著雙眼的狀態下，開始動動身體，鬆開因久坐不動而僵硬的軀體。要睜眼時，慢慢來。起身開始移動時，動作緩慢而優雅，就像是在水中移動。你可能會想跟呼吸再多保持一下聯結，將正念帶入下一項活動。

●

我過去常遵照早期冥想老師的示範，在最後說「結束冥想」或「將冥想帶入完結」這樣的話。但現在我都不說了，因為那無疑是在暗示鈴聲響起時，我們就放下自己導入的所有正念。所以現在我都說，將我們的正念帶進下一項活動。

正念冥想三

正念步行

我提過，幾乎所有活動都是練習正念的機會。最平凡的活動，例如從洗碗機裡取出碗盤、開車，或是採購日用品，都能變成你我性靈實踐的一部分。走路就是一項能幫助我們多練習正念的日常活動。正念步行的一項優點是，我們在動時比較容易能感受到身體。坐著冥想時，很多人一開始會難以意識到身體的感覺，但是在走路時，那些感覺可就明顯許多了。這表示走路也能作為我們注意力的強力支撐。

我們將走路視為理所當然，可能還認為，儘管動動雙腳能走到有趣的地方，但走路本身實在無趣。不過，走路這個簡單動作也可以是豐富且令人滿足的體驗——就像約翰・奧唐納休的「身在這裡的奇蹟」。我們若是以正念去理解日常活動，會發現那些活動原來才沒有那麼平凡，於是開始將日常存在視為奇蹟。尋常的動作變成一段舞蹈，日常的聲響變成樂音，無趣也能變得迷人。

傳統中有一項步行冥想法，是以極慢的步伐來回走動，花好幾分鐘走一段通常幾秒就能走完的距離。我很喜歡這種冥想方式、也很推薦，但我要提議的不太一樣：當我們走去郵局、車站，或在公園裡漫步，或是日常中進行任何走路動作之際，請留意正念認知，注意身體出現的感覺。

收聽這種冥想

如果你想在練習時獲得指導，可在手機或電腦上輸入以下連結：

http://thisdifficultthing.com/meditation3

要開始這種正念練習，你在邁開步伐之前可先停頓一下，體會站立的感覺，注意身體壓在地上的重量，感受那個讓你維持挺直的複雜平衡動作。同樣地，放鬆雙眼，注意整個視野。為了在走路時保持正念，建議除了安全所需之外，別讓目光四處亂飄。因此，別去欣賞商店櫥窗或是追蹤別人的行動。雙眼直視前方，或是稍微往下看。你的走路動作應該自然，但可比平常的步伐稍微慢些。當你採用和平常一樣的步速走路時，心思便會想著和平常相同的事。換句話說，你會分心。將腳步放慢一些，有助你稍微擺脫習慣。

正念步行練習的核心在於觀察身體的感覺。每一步與土地接觸、分開的交替模式是不錯的觀察起點。它簡單、具體而且容易注意。那些節奏感可作為你的定錨——每當你發覺自己分心時，就將注意力轉回到步伐的節奏上。你從那裡能意識到身體的其餘部位，你能從小腿開始注意到肌肉的緊縮與放鬆，衣物摩擦皮膚，雙腳碰觸地面的震動向上傳遍你的骨骼、肌肉與關節等感覺。你能注意到大腿、臀部以及骨盆的感覺和律動。你能注意到脊椎、肚子和胸部。注意所有呼吸的律動，以及呼吸如何自然地與走路節奏相融。你能注意肩膀移動、手臂擺動、頭部移動的方式等等。

你會發現，當你放鬆目光，打開注意力的接收範圍，就會注意到走路的各種感覺如何與其他感覺相互協調。從我們的呼吸吐納，到雙手在手臂末端擺動時的氣流感，整個走路動作構成了一個過程，猶如一段優雅而迷人的舞蹈。

●

抗拒冥想

自我疼惜指南

冥想有時可能充滿挑戰性，於是我們就算想做，還是會找出不去做的理由。也許是想躲避特定的感覺，或是擔心為自己做一件事是自私之舉。我們可能顧慮，要是冥想，某些事就沒辦法做好了。或是害怕改變。因此我們會找藉口避免去冥想。

出現這種情況時，過去我都認為去瞭解自己為何抗拒冥想會有幫助。但是此舉鮮少能幫助我坐上我的冥想坐墊。歸結起來，這當中最重要的並不是去分析我為何抗拒，或為此辯論，而是轉向它，徹底接受它。這是正念自我疼惜裡一件很重要的事。

因此，當你浮現抗拒冥想的念頭時，請留意伴隨而來的感覺。它們出現在身體何處？構成什麼形狀？有什麼質地？促成了什麼樣的想法出現？注意這些事情，然後坦然地面對自己的抗拒心理。讓這個抗拒成為正念的目標。抗拒是一種衝突狀態，可能也包含著恐懼。這些都是痛苦的形式。注意這個痛苦，仁慈地看待它。對它說些安慰的話語：「沒關係。你不會有事。我會好好照顧你。」

只要你對自己的抗拒心理保持正念認知，你就已經在冥想了。你的抗拒心理不再是發展正念的阻礙，而是機會。所以，不論身在何處，你都能閉上雙眼，吸氣，感受那個抗拒心理。呼氣，體驗那個抗拒心理。繼續跟自己恐懼的那部分說話：「你好。我接受你作為我體驗的一部分。我關心你，希望你自在一點，想停駐多久都可以，也歡迎你與我一起冥想。」只要有需要，就以這種方式和你的抗拒心理對話，直到你感覺到心情安定下來為止。

在這個做法裡，你抗拒的特定內容並不重要，因為你跟你的合理化心理並不在相同的層次上。你的疑慮有九成九的機率能把你耍得團團轉，與它爭辯只會讓情況更糟。你的疑慮十分明白你會說什麼，也知道如何讓你自覺渺小與無能。這種事它已經驗老道。有一件事是你的疑慮不瞭解的，那就是如何抗拒「被看見」與「被接受」。因此，與其和你的抗拒心理爭論，不如智取。用正念意識以及仁慈將之包圍。如果你發現自己的抗拒心理還是一天天繼續下去，那就降低你所謂「適合冥想的日子」的標準。五分鐘也可以。這聽起來或許不多，不過規律性終究遠比你每天冥想的分鐘數來得重要。

唯一的「壞冥想」就是你不做的那種。其他的都沒問題。

第五章

生而為人的難處

現在想來那似乎已是許久以前的事。當時我是蘇格蘭格拉斯哥獸醫學院的學生。有一天上完課後，我和兩個女室友同在一輛老爺 Mini Cooper 上，等著另一個學生加入，一起回家。她們坐在前座聊天，我則靜靜坐在後座。那段期間我情緒不穩，容易發怒，喜歡挑剔別人。等待時，麗茲和凱倫討論起她們父親的領帶款式。同樣的對話持續進行，我漸漸覺得不耐。當時我喜歡想像自己是個對哲學、文學、古典音樂和藝術有興趣的嚴肅年輕人。「她們究竟為什麼愛聊這種雞毛蒜皮的小事？」我憤怒地想著，「難道就沒有更重要的事情可談嗎？」

隨著對話繼續，我的厭惡心態益發強烈，我在某個時間點發覺自己不但痛苦，也清楚這痛苦正是我自己造成的。我在創造自己的內在「天氣」，而那是一個黑暗的憎惡風暴。我想起自己幾個星期前剛學過的慈愛冥想。這種冥想的目的在於協助我們對自己、也對別人更和善，更慈悲。我學到的技巧包括複頌這句話：「願我安好。願我快樂。願我遠離痛苦。」我剛開始做這練習時，沒注意到它是否讓我更仁慈，不過倒是讓我感覺比較快樂，比較放鬆。

坐在車上的我沒有預期複頌這些話能改變我的心情，但我很渴望有什麼能讓我擺脫當下經歷的苦痛。於是我開始願自己安好，在心裡背誦那些話，不斷重複。大概唸了兩、三分鐘，我發覺心情變快樂了。那是一種抒解，也是一個驚喜。我彷彿暫時離開了一個黑暗、沉悶、醜陋的房間，過了片刻再回去時，發現有人趁機將那地方徹底翻新。而且我對兩位室友感到一種溫暖與溫柔感，此時的我認為她們是在以一種非常人性的方式進行交流。直到那一刻，慈愛冥想背後的原則對我而言才有了道理。記得我初次學到時相當震驚，因為我發覺我們的情緒並不像天氣那樣，只是單純發生在我們身上。情緒其實是習慣，是我們做的一件事。或許最令人意外的是，我們其實有能力改變自己的情緒天氣。這項練習能改變你的感受，這聽起來煞有介事，但此前對我都沒什麼效果，直到那天坐在車上。如今我知道自己握有一項強大的工具——這工具能改變我如何去感受，也改變我的生活。

後來我發現，若是再加上同理心（自我疼惜的第二項能力）的支持，這項祝福自己與他人的工具將會更有力。不過，在開始探討同理心的重要性之前，我們先來看看慈愛冥想。

培養仁慈

我在初學冥想時，學到自己在培養的是「慈愛─lovingkindness」，不過現在我都直接稱之為「仁慈─kindness」。「慈愛」是巴利語 *metta*（梵語 *maitri*）的翻譯。我聽到的解釋通常是「普世的友善」或「普世的愛」。只可惜這聽起來不但像是精神目標那般崇高，也顯得既飄渺又陌生。除非學習冥想，否則我們多數人都領略不到慈愛一詞。或許是因為這個詞彙超出常人的日常字彙範圍，也就表示它超出了我們一般的情緒範圍。我觀察到，許多人不清楚他們是否曾經體驗過「慈愛」，有時候更懷疑往後是否會有那樣的經驗。許多人會在不經意間受到鼓勵，期待冥想中會出現「普世之愛」的強烈感覺，一旦預期落空，他們就陷入絕望，以為自己失敗、甚至懷疑自己是否有什麼問題。對這樣的人來說，慈愛冥想就成了一種自我懷疑與自我批判的情緒地雷區。如此受到影響的人最後自然會躲避這項作法，改為參與較直接的正念冥想領域。

然而，應該說慈愛冥想的重點在於仁慈，而非慈愛。現在我們的目標就是對自己和別人更仁慈。「仁慈」一詞既常見又平易近人，不會令人生畏、高不可攀或顯得遙不可及。仁慈是你我都體驗過的，既具體又熟悉。花點時間，想想你認識的仁慈者。他們的仁慈看起來、感覺起來如何？或許你認為仁慈是大方或樂於助人，是剛與柔的結合，或是謙遜。或許你覺得仁慈是真誠。不過，我猜你會有一種被關心的感覺——關注你的幸福。這正是仁慈的關鍵特徵。相信我們每個人都記得自己仁慈的時候，那麼，要認知到自己有仁慈的能力也就不難。

練習：現在，回想看看你曾對別人仁慈時，或是單純想像你仁慈的情境。當你仁慈時，身體感覺如何？你如何說話？出現什麼感覺？有時候，尤其是我們在經歷自我批判的階段時，可能會難以認出自己的仁慈。因此，若是有幫助，請想像自己會怎麼回應一隻寵物或小嬰兒。無論你選擇用什麼方式連結自己的仁慈能力，要知道仁慈是單純的先天特質。要有信心，你能夠發展這個特質，變得更為仁慈。或許那就是目前正在進行的事。事實上，可能在你回想仁慈的經驗時，其實你已經變得更仁慈了。

如果你在發展慈愛上曾經有困難，希望你會覺得將慈愛改成仁慈會容易一點。我發現此舉確實能讓慈愛更容易親近。當你我在冥想中發展仁慈時，只需運用這個我們本已具備的特質，讓它練習一下即可。就這麼簡單。我們要培養的不是什麼了不起、幾乎沒體驗過的東西。仁慈既簡單又謙遜，它很普通，也具有人性。它也是慈悲的基礎，而慈悲就是仁慈碰上痛苦時生成的產物。

仁慈有賴同理心

愛爾蘭詩人約翰．奧唐納休曾經描述慈悲如何仰賴同理心。他的文字適用於慈悲，同樣也適用於仁慈：

> 慈悲是設身處地想像他人處境的能力，也是在兩人之間搭起橋梁的力量。它是一種能力，能跳脫個人的觀點、限制與自我，以脆弱、鼓舞、批判和有創意的方式去關注另一個人的隱藏世界……它是一種能以想像自然地進入與你的世界截然不同的領域，去感受他人的感受。

如果沒有同理意識到他人也是有感覺的個體，我們就不會生出仁慈或慈悲之心。仁慈的基礎是對別人也跟你一樣會有感受的這一事實具有敏感度。他們也會痛苦，就跟你一樣。他們也會感受到喜悅，就跟你一樣。他們的感覺對他們而言是真實的，一如你的對你而言也是。他們也跟你一樣，希望離苦得樂。當我們以同理心認知到這一點——當你我感受到這一點——我們對別人的行為自然會改變。我們的作為會讓他們感受到自己被視為有感覺的人看待，能被聽見、獲重視、受尊重。我們會顧及他們長期的快樂與幸福，不會去做任何傷害他們的事。這就是仁慈。

在傳統佛經中，同理心與仁慈之間的這種關係就表達在如下這類的段落中：「對我不快與不順意之事，對他人亦不快與不順意。我豈能將令我不快與不順意之事強加於人？」佛陀在另一段知名的文章中也說過：「一切懼刀杖，一切皆畏死，以自度他情，莫殺教他殺。」仁慈與慈悲之間有相當直接的關係。仁慈渴望幸福與快樂。出現痛苦則對那些目標構成阻礙，因此慈悲渴望除去那個痛苦。根本上，當仁慈碰上痛苦，慈悲便油然而生。

記得我多年前某次在跟一個朋友閒聊，我恰巧心情特別好。我的心彷彿受到溫暖的光環抱，就像我常在慈愛冥想中體驗到的那種感覺。[1]可是，當我說我感覺到滿滿的愛時，我的朋友說：「你現在看起來不像充滿愛。其實顯得有點作繭自縛。」聽她這麼一說，我有那麼一瞬間感到困惑與受辱，但立即就發覺她說得沒錯。我覺得快樂，但是沒有和她產生同理的連結，甚至跟我自己也沒有。她教了我一個深刻的道理：不管我們稱之為愛或仁慈，「metta」都不只是一種感覺。你可能心有仁慈卻沒太多感受，也可能感覺相當愉快卻毫無同理心。仁慈是一種欲望，會主動地重視、珍惜以及祝願別人幸福。當你對某個人仁慈，就是理解他們的快樂與不快樂。你希望他們自在，你無意造成他們受苦。這些都是欲望或意願。仁慈或許會與感覺有所連結——尤其是在你心周圍的溫柔、溫暖、有時甚至是喜悅的感覺——但這些感覺在沒有仁慈與同理心時也可能存在，而仁慈與同理心有時也可能在沒有那些感覺時出現。

認定仁慈是一種「感覺」，是許多人對慈愛冥想有所誤解的根源。某些冥想教學要求人去找尋心裡愛的感覺，然後將它擴及自己與他人。但那種感覺往往不在那裡。他們

1 作者注：雖然我偏好以「仁慈」，而非「慈愛」來轉譯 metta 一詞，但我往往會說「慈愛冥想」，因為這是普遍的用法。有時理解比一致性更重要。

可能非常、非常努力，要讓這種感覺出現。一旦沒出現，他們可能就會認為是自己本質上缺少了某樣東西，因而無法體驗「慈愛」的美好性靈特質。他們也許會繼續努力練習冥想好一陣子，最終卻只能放棄，無法承受隨之而來的自我憎恨感。如果我們瞭解仁慈是一種「意圖」，就能避免這樣的狀況。如果我們在發揮仁慈之際確實有愉快的感覺出現，那就有用，因為我們更可能回到讓我們感覺良好的某樣東西，但是仁慈與慈悲本身並非感覺。它們是欲望。

練習：再花一分鐘，想想你以充滿愛和感情的目光看著某人時的感覺。將溫柔、仁慈、關愛以及聯繫的特質注入你的目光當中。接著，將你充滿同樣仁慈特質的內在意識帶入心中。注意你心中出現什麼感覺。如果沒有也沒關係。只要用仁慈觀察這種中性的感覺即可。如果有愉悅感，那就同樣仁慈地看待它。尤其，心中若是出現不舒服的感覺，也請用愛去看待。請注意，仁慈不是我們要尋找的，而是我們看待感覺時秉持的態度。

同理心與仁慈

根據佛羅里達州聖彼得堡艾克學院的心理學家馬克・戴維斯（Mark H. Davis）的說法，同理心有三個不同面向，我稱之為認知同理心（cognitive empathy）、情緒同理心（emotional empathy），以及慈悲關懷（compassionate concern）。[2]要說明這些同理心，請想像你走在街上，看見一隻貓困在樹上緊抓著樹枝，渾身顫抖。牠眼睛大睜，哀嚎出聲。首先，你是否瞭解那隻貓咪很害怕？這是同理心的認知面，也就是我們能夠詮釋另一人的感受、想望和想法。在這個例子中，我們知道那隻貓咪很害怕。我們瞭解牠想回到地上，也瞭解牠因為可能會墜落而不敢動。只是我們未必會在乎，因為就連有反社會人格的人也都有這個面向的同理心，但他們會以他人的苦難為樂，利用認知同理心來操控、傷害別人。

第二，同理心的情緒面向。這是我們因他人的痛苦而受觸動之處。戴維斯稱之為「個

2 作者注：這些是我個人對戴維斯的分類所取的名稱。他則稱這三個面向為為觀點取替（perspective-taking）、個人苦惱（personal distress）以及同理關懷（empathic concern）。

人苦惱」。請想像那隻貓咪，你是否因為牠的恐懼而難過？或許你因為貓咪的處境而覺得焦慮，心跳加速，身體也準備要採取行動了。你不只在認知上瞭解貓咪的處境，而且也感受到了牠的苦惱。然而，這種苦惱對你或牠都沒有幫助。你可能會變得非常擔憂，因而當牠在樹上緊抓著樹枝時，你卻是恐懼得在樹下無法動彈。這不表示情緒同理心是件壞事——只是它有可能失衡或失控。

第三，*慈悲關懷*是我們不只同情他人，也有意提供協助。你有解除貓咪痛苦的動機嗎？你想拯救牠嗎？我們的慈悲關懷驅使我們採取行動，因此我們會爬到樹上，或是通知消防隊前來幫忙，就看當時狀況而定。這個層次的同理心基本上與仁慈及慈悲是相同的。

如果沒有先具備認知同理心與情緒同理心，就不可能有仁慈或慈悲。我們若是不瞭解那隻貓咪在害怕，或是沒被牠的恐懼所觸動，那麼就不可能心生慈悲。所以，若是有意培養慈悲，就應當先從加強認知同理心與情緒同理心著手。

培養同理心

奇怪的是，同理心在我初學慈愛冥想時卻鮮少被提及。我得到的指示是讓自己安定下來，和自己的身體及感覺連結，然後複頌我之前提到的那些話：「願我安好。願我快樂。願我遠離痛苦。」接著我應該重複練習，心中要記得別人。我們接著直接跳到了祝願，我以為同理心此時應該會自動出現才是。可是從我個人及這幾十年來合作過的冥想者的經驗來看，情況往往不是如此。我相信這是有些人會覺得慈愛冥想很難的另一個原因：這對他們來說往往是種掙扎，因為他們尚未建立起仁慈所需的認知同理心與情緒同理心的基礎。

在培養仁慈之前先建立好穩固的同理心基礎，我們的練習就更有機會發揮效果。可是，實際該怎麼做？對我來說，同理心始於先從認知上瞭解你我身為人的存在處境，而後從這一點開始為自己發展情緒同理心。最後，我們就會置身在培養仁慈的適當位置——慈悲關懷。一旦我們依此為自己培養出仁慈，它自然會擴及他人。

我邀請你緩緩地細讀如下的省思，給自己一點時間去消化每個想法，在心中檢驗。容許自己感受其中的真理，盡可能誠實地將這些主張對照自己的生活經驗，放下所有防衛心，以及自視完美或成功的欲望，容許自己去感受自己的脆弱。建議每個步驟都花一、兩分鐘，最後一步可再久一點。

收聽這種冥想

如果你想在培養自我同理的思考上受指導，可以在手機或電腦輸入以下連結：

http://thisdifficultthing.com/meditation4

練習：從同理心到仁慈與慈悲

1. 首先，在你端坐之際，請意識到自己脆弱的人身、搏動的心，以及起伏不斷的呼吸。這具身體正在老化，一如所有肉身皆會受傷、生病。承認自己是具有肉身的生命，不會在世上久留。如果這令你不自在，看看你是否能接受那些不自在的感覺，並仁慈地看待如此感受。

2. 接著，允許自己意識到你是一個有感覺的存在。即使此刻你沒有太多感覺，但有時你是在受苦，有時則是快樂。想想這個現實。回想快樂與不快樂的時刻，承認感覺對你很重要。

3. 思考你最深沉的欲望是想尋得幸福、快樂與平靜，以及盡可能逃離痛苦。當你回想起不快樂的時刻，是否有一股想脫離痛苦的欲望？當你回憶起平靜、快樂或幸福的時刻，是否希望留在那種狀態中？承認自己最深的渴望就是離苦得樂。

4. 現在，提醒自己快樂往往難以捉摸，人生經歷痛苦的機率遠多過活得理想。承認自己就是一個努力掙扎的個體——生而為人並非易事。

5. 最後，對自己展現仁慈與支持，持續幾分鐘對自己複頌：「願我安好。願我快樂。願我自在。」

在這項練習中，你感應到自己是一個有感覺的存在。你看到自己需要支持，也值得支持，為自己發展出認知與情緒同理心，然後在第五階段表達慈悲關懷，也就是真正的慈悲。事實上，等你來到第五階段時，或許你已感覺到自然而然會以仁慈、鼓舞及支持對待自己。

以這種方式思考時，往往會感到些許心痛。當我們細思自己內心深處其實渴望著喜悅、平靜與幸福，便能碰觸到自己或許是出於防衛或責任而壓抑的渴望。或許你我此生對內或對外都在佯裝自己比實際上還快樂，或者痛苦不過是個不幸的意外，我們就快徹底復原了。這些省思讓我們有機會去體驗自己的脆弱，而這體驗極可能並不舒服。這種不舒服十分正常，如此柔軟而脆弱的感受一旦浮現，你能認知到這是正向的發展，因為那正是同理心情緒面向的一環。觸動你的是你自己的處境，你因為自己而有所感。為了避免引發難以承受的哀傷，你應該以仁慈之心、秉持正念接受這些感覺。對自己的慈悲關懷能防止我們的情緒同理心轉變為自憐。

這些省思就是我在冥想之際培養仁慈的方法。先是同理自己，並在這個基礎上為自己與慈悲關懷連結，然後以同樣的方式看待他人，將他人視為和我一樣同是在生命中掙扎、有感覺的存在。我們共處在相同的狀態中，都在進行「生而為人」的艱困任務。我們也因此更容易同理、也更容易真心祝福他人。

練習：我們的挑戰之一，就是記得要仁慈。建議你找一段有助於將仁慈謹記在心的簡單禱文。「有感覺的存在」這個簡單的詞，能提醒你在理解別人之際，也要留意別人的福祉。有時我會在心中記住「和平與愛」，提醒我要秉持正念與仁慈。即便只是「仁慈」一詞，也有助我們對自己與他人更富同理與溫柔。看看你能否找到一個方法，在心中記住類似的話。

以自我仁慈進行內在溝通

無意間發現這種練習慈愛冥想的方法時，我發覺我的冥想已進入一個更深的境界。此時我奠基於自我同理的祝願，也變得更衷心、更誠摯。我不再因希望能產生一點效果而重複硬背那些話。此時，我給予自己的支持，是來自一個連結與深度自我同理的地方。我對自己所說的話變成一種真誠的溝通，自然地從仁慈與慈悲那部分的我，傳達給了正苦苦掙扎、需要支持與鼓勵的另一部分的我。

那些話也開始改變。我開始用第三句話：「願我對自己與他人仁慈。」畢竟這項練習是為了培養仁慈，提醒自己目標何在是有幫助的。這種內在溝通有時會以第二人稱、而非第一人稱的方式進行：「願你安好。願你快樂。願你對自己與別人仁慈。」在跟自己說話時，將「我」拿掉，把自己當成親愛的朋友，這感覺很棒。有時，則變成第一人稱複數：「願我們安好。願我們快樂。願我們對自己與別人仁慈。」這個變化會伴隨著一種感受，覺得自己不是單一的個體，而是共同經歷生活起伏、截然不同元素的集合。還有些時候，溝通不再有話語形式，而是單純地從心裡流出：「沒關係。只願你知道人生實難，但你不孤單，我們會一起度過這個難關。」當我鼓勵學生採這種自由形式進行實驗時，我知道他們有時可能自我意識較強，會不知道該說什麼才好。我建議他們先從「只願你知道……」開始，然後看看出於自我同理的自然連結會生成什麼。當我們確實能這麼溝通時，那體驗可能會意外地溫柔、溫暖、親密且真切。鼓勵你這些方法全都試看看，進而找出最適合你的一種。

學習同理自己

或許「自我同理」對你而言是個新概念，聽起來也可能有點陌生。我最初是從前妻口中聽到這個說法，當時我們的婚姻生活多少還堪稱幸福。光是知道這個概念存在，對我就是一大啟發，我至今都還記得她說出口時的情景。我很訝異以前從沒想到「對自己發揮同理心」的這個想法。它解釋了好多事情，其一就是在此之前的某年我曾莫名其妙經歷過一次嚴重的憂鬱，延續了好幾個星期。

當時我根本不知道自己為什麼不快樂。客觀來看，一切似乎都很順利。我和太太的關係和諧又滿足。我有一張冥想CD在亞馬遜網站上熱賣了一年左右，那是多年來我首次不必為財務煩惱。我的身體健康，一切美好，除了生活沒有喜悅，絕望感不時如浪潮般席捲而來，使得我停滯不前。儘管沒有憂鬱到癱瘓在床，生活也一切如常，我卻覺得很悲慘。我的情況嚴重到去就醫，向醫生承認我非常憂鬱。他開出抗憂鬱症的處方箋給我。「別期望能立刻見效，」他說，「至少要幾個星期才會注意到不同，任何改變都是漸進式的。」隔天，狀況突然撥雲見日，我的心情不一樣了。沉重的悲傷感與絕望感不復存在，內心也變得輕飄飄，洋溢著喜悅。我只吞了一顆藥，但這個轉變與服藥無關。

造成不同的，是我表達出了自己需要協助。

即使生活順遂，我們仍會渴望更多。這就是發生在我身上的情況。我希望工作上再多一點成就，於是還欠缺的那一點使得我不快樂。那是第一支箭。就在意識的臨界點底下，有個聲音微微在說：「你在教人變得更快樂，但你自己卻不快樂。顯然你對自己的工作並不擅長嘛，根本就是詐騙集團！」自我批評這從未直接說出口的第二支箭，當時將原本理當只是暫時的不滿心理，變成了嚴重、但所幸為時不久的憂鬱症。

問題在於，我無法同理自己的痛苦。我無法將自己痛苦的渴望視為是「生而為人」這困難任務中無可避免的一部分。我沒有同理自己，反而批評自己：「你不應該痛苦。痛苦是失敗的象徵。你無法勝任。你是騙子。」於是，因批評而增強的不滿變成了絕望。要是能夠同理我最初的不滿感受，我就會給自己一點簡單的人性支持。我也許會說：「你很痛苦，我好難過。希望你知道我很關心你，希望你平靜下來。沒關係，我就在你身邊。」或許我會和朋友聊聊自己的狀況，得到他們的理解，這也許也會對情況帶來不同的觀點。當初如果我這麼做，很有可能就能迅速恢復成正常、樂觀的我。然而，我卻讓自己接連數週陷在悲慘的境地。無法對自己的痛苦維持正念，發揮同理心，是造成我自己痛苦更深的原因。

我們天生注定受苦

約翰・華生（John Watson）這位十八世紀的蘇格蘭牧師，會以筆名伊恩・麥克拉倫（Ian Maclaren）發表作品。他喜歡在佈道時說：「要仁慈，因為你遇見的每個人，都在進行一場艱苦的戰役。」[3]「每個人」也包括你——你最常遇見的那個人。生而為人已是一件困難的事情。如同我們眾人，你天生就注定要受苦。

受苦，並非個人的失敗，而是演化歷史的結果。所有生物本能上都會追求幸福，迴避痛苦。植物會向光生長，就連簡單的變形蟲也都會遠離有害物質，受養分吸引。我們也不例外。之前我說追尋快樂與逃避痛苦是人最深沉的驅動力，就是這個意思。萬物皆源自於此。總結來說，我們所有的行動，都是實現這些任務的嘗試。

諷刺的是，就連我們較具破壞性的衝動，也是出於渴求幸福的結果。譬如，有人因

3 作者注：身為一個對引文正確性斤斤計較的人，我覺得有必要指出原文是「要憐憫（pitiful），因為你遇見的每個人都在進行一場艱苦的戰役。」但英文的「pitiful」一詞的意義已經從原本的「憐憫」變為「值得同情」，因此我將原文稍做修改，改變用字，以保留原本的意義。

成癮問題而危及自己的生計或人際關係，因為他們某種程度上相信，唯有屈服於自己的癮頭才能逃避痛苦。「好，也許過去幾百次效果都不好，但搞不好這次可以……」演化的歷史給了我們追求幸福的動力，卻沒留給我們真正能獲得幸福的完善條件。

事實上，我們想獲得幸福的諸多嘗試，最終卻常導致你我更加痛苦。演化給了我們相互矛盾的優先順序。你應該知道，人腦並非原本就設計完整，而是由簡單的細胞叢開始，成長了數億年，歷經包含新層次與新模組發展的擴展程序。這使得我們的天生特質比起「自己」或「腦」這些單字所暗示的更加複雜，也更為矛盾。上個世紀，神經科學家開始思考人腦有一個「三位一體」構造，雖然我們已不再認為這個模型符合腦的解剖構造，但它依然提供了一個實用的方法，可瞭解腦部經常互相矛盾的動力。三位一體腦的三個部分，是爬蟲類系統、舊的哺乳類系統，以及新的哺乳類系統。這三個系統彼此的運作與互動方式導致了受苦必然無可避免。

腦中的爬蟲類系統具有高度本能性，以僵固的模式在運作。它是以眾所周知的「打、逃或不動」反射回應威脅，保護我們不受傷害。在我們的演化歷史中，爬蟲類腦原本是要留意那些生死威脅。所幸這類威脅現在少了許多。不過，爬蟲類腦還是繼續在執行保護任務，對無關生死的日常事件產生驚慌反應，彷彿我們還在草原上掙扎求生。工作面試時，你的心臟可能加速跳動，彷彿面對的不是一群面試官，而是準備張口肢解你的野獸。這種情緒反應使得你難以放鬆展現出最佳的一面。所以，即便你內在的蜥蜴試圖要保護你，結果往往卻是適得其反。這不是你的錯，那是天性使然。我們在練習自我疼惜時——譬如自我撫慰的談話與撫觸——主要是在安撫我們的爬蟲類腦。

三位一體腦的第二部分是舊的哺乳類系統（又稱古哺乳動物複合體），包含了腦的邊緣（情緒）迴路。古老的哺乳動物腦關注的是連結、歸屬，以及尋找報酬等任務。它好奇、躁動、焦慮、多情。相較於爬蟲類腦，哺乳類腦的情緒範圍比較複雜一點。我們會與伴侶及下一代建立感情，也會與部落成員、甚至其他物種產生情感連結。這些古老哺乳動物腦創造的情感連結可能會令人覺得十分滿足，然而古老哺乳動物腦也可能導致我們受苦。它需要知道自己有所歸屬，所以我們常會在意自己是否被他人接受。我們往往一心想著自己在自己所屬的各種團體裡占有什麼地位：同事、朋友以及家人。我們想知道自己是否受人重視，因而產生了不安全感。

在團體當中，我們相互合作，卻也彼此競爭，甚至形成階級。這使得我們會與他人產生衝突，尤其是在職場上。有時，我們甚至會將不適當的競爭觀念帶進自己最親密的關係裡。比方說，有朋友告訴我，她老公在對孩子無故發飆之後，沒辦法向孩子道歉。

他顯然認為道歉有損自己的威嚴。他對地位的顧慮阻礙了他對孩子表現愛意，也造成家庭的痛苦與緊張。同樣地，當夫妻太關注兩人關係中的「得分」——比方說，斤斤計較誰該做哪項家務——他們的情感連結就會弱化。如果你經常深感不安，懷疑自己是否屬於某個團體或被人接受，這不是你的錯，你天生就是會那麼想。

三位一體腦的第三個部分是比較新的哺乳類系統（嚴格說來是新哺乳動物複合體）。就解剖構造來看，最具代表性的是新皮質，它只出現在高等哺乳類身上，包括我們人類。語言、反思、顧全大局、長期計畫、情緒調節以及同理心都發生在這個地方。

正如我們觀察到的，我們的思考與反射能力是一把雙面刃。它一方面讓我們得以解決問題，另一方面卻也製造、強化了問題。新皮質與腦中主導情緒的部位密不可分，例如杏仁體，而它在理論上是有考慮到情緒調節的，但它也允許杏仁體在收到「打或逃」的警示時控制新皮質，將我們心理上的所有精力導向擔憂，甚至恐慌。有一句起源不明的俗話大致上是這麼說的：「人生煩惱何其多，最糟糕者未曾有。」這指向一件事實，那就是我們經常在庸人自擾，拿自己的想法折磨自己。我們能在想像中讓自己經歷千次苦難，實際生活中卻可能根本未曾出現。

難怪我們會受苦。腦袋讓我們難以快樂，它們演化得令我們神經質、不安，於是才能預測、躲避潛在的危險。我們的腦袋想讓我們團結，卻往往造成分化。它們的演化方式並沒有讓我們容易長時間保持冷靜與安全感。重要的是，由於這是人類遺傳而來，而非我們的自主選擇，因此我們沒有必要因為自己在受苦，而認為那是個人的恥辱與失敗。

習慣吧，你的腦袋並不優

想像一下，科學家剛宣布他們用肉造出了一部電腦，能執行走迷宮或簡單算術等任務，正確度也在合理範圍內。這個消息大概會讓你驚訝（或許還有點嚇到）。當然，此時你正在用一部肉製電腦閱讀這些文字，一項遠比我舉的假設例子要複雜許多的任務。你的腦主要是由蛋白質和脂肪構成，要在溼答答的環境裡靠電力運作也不太可能，但它卻能夠理解周遭的世界。

從某個角度來看，真正驚人的是我們竟然期待這些肉製電腦要達到一定程度的表現績效，那根本是無法實現的。我們希望能保持專注，但心思卻會四處遊蕩。我們希望能記住重要的事情，然而卻老是忘記。我們希望能忘掉痛苦，那些痛苦事卻一再侵擾我們的意識。我們想要快樂，但很多時候那些體驗卻令人不滿。生理機能保證我們就是會受苦受難。

對我而言，自我疼惜的一個重要面向，就是瞭解自己內建的這部「肉製電腦」有多麼古怪、脆弱，而且不可靠。葡萄糖不足、每二十四小時不斷電八小時，或是決策超載時，它就會運作不順。我年輕時非常容易「hangry—餓怒」（飢餓加憤怒）。一旦出現如此情況，我往往先認定周遭世界滿是蠢蛋，是個令人氣餒的可怕地方。後來在明白自己脾氣有多壞、多麼愛批評人之後，我才理解問題其實在我，而不是這個世界。我自責，認為自己想必是個爛人，才會這麼暴躁。如今我注意到自己在血糖濃度下降時會變得易怒，也發覺有錯的既不是外在世界，也不是我。那不過是我的肉製電腦燃料不足罷了。一旦認知到這項基本事實，也就沒有必要把責任歸咎於個人。沒必要去怪誰，那只是個生理問題。

每當我睡眠不足時，也會出現類似的想法。對我和許多人來說，睡眠剝奪有可能會導致憂鬱症狀。一旦出現如此情況，我有時會有沮喪感，常認定情況將會惡化，沒有人關心我等等。一旦瞭解我的認知是受疲倦感扭曲之後，我會立刻不再責備自己或是這個世界。同樣地，情況也變得與個人較無關係了。

我們也能將這些思考運用在別人身上。如果有人忘記某件事，我們可以提醒自己該對他們多點耐心。畢竟，我們無法期待肉製電腦的運作能完美無瑕。當你的孩子或伴侶情緒暴躁或低落時，與其認定他們是想找你麻煩，或是哪裡不對勁，你可以抱持同理心去思考，或許就只是因為他們現在的生理狀態無法有效運作。也許他們需要休息，吃點東西，或是接受你的善意。如果更瞭解我們的生理特質，就能對自己、也對他人更仁慈，更支持。

你的爸媽可把你給整慘了

人類演化的歷史不是唯一造成我們受苦的不受控因素。在詩作〈這就是詩〉（This Be the Verse）中，菲利普·拉金（Philip Larkin）運用相當赤裸的語言，描述了童年早期制約的效果：「他們整慘了你，你的爸媽。」每個人都會受到成長制約的影響，它會影響我們快樂的能力，有時還造成我們的不幸。這種制約其實早在我們出生之前就已開始。研究顯示，你的祖父母若是暴露在高壓的環境下，就可能改變你ＤＮＡ運作的方式，造成你感覺較為焦慮的基因會更活躍，比較溫和的基因則維持在未開啟狀態。這些稱為

「表觀遺傳」（epigenetic）效果。發生在我們身上的這些事情，我們無從選擇，也無從選擇自己的父母和祖父母。這不是我們的錯。

我們也無從選擇童年早期的制約。在一個罕見情感與欣賞、倒是常有批評的家庭裡長大，我產生了某些不安全感，這當中就包括我對於自己是否受人重視的焦慮。有時，我會對自己不受喜歡的跡象超級敏感，使得我會用導致自己更不受喜歡的方式做出反應——典型的自我應驗預言。這不但為我帶來痛苦，也造成別人的痛苦。父母擁抱我們的頻率多寡，與我們溝通的方式，是否表現出關愛，他們的愛是否一致——這些因素都可能留下延續你我一生的痕跡，改變我們腦的構造。你的人生早期經驗很可能與我不同，但你我同樣都受到引發自己痛苦的制約，而我們無從選擇。當然，這並不表示我們有權作惡。身為成年人，我們必須為自己的行為負責，別人無從越俎代庖。然而認知到我們的表現是出於自己所受的制約，則有助我們從自責中解放。

年紀越大，我越是體認到若希望長久快樂，就需要更理解早期制約如何影響我們的行為，尤其是當它對別人造成衝擊時。不久前，我看到一篇社群媒體的貼文，一名年輕女子寫道：

二十一歲的我，約會時：「你喜歡做什麼消遣？」

二十七歲的我，約會時：「你對過去的傷痛有多少體認，是否有積極去療癒它們，以免把那些鬼情緒投射到我身上？」

讀到這段話時，我真希望自己在二十七歲時就能這麼明白過往制約的重要性。但我仔細回想，就是我的制約才導致我在二十幾歲時還否認這類事情，為此自責根本沒有意義。責怪父母過度嚴苛、沒有對我更關愛，同樣沒有意義。他們也只是照著他們受到的制約在生活，而在那個時代與文化中，大多數人對於如何與家人互動的理解是非常不同的。責怪是毫無意義的行為；佛教古諺說，那就像撿起排泄物丟人，最後搞得一身臭的人肯定只有你。

認知到我們生來就得受苦的諸多因素——我們的腦構造、生理限制、基因與表觀遺傳，以及你我童年所受的制約——是自我同理的一個重要面向，因此也是自我疼惜的關鍵。每個人都不完美，我們都會受苦，我們都在做「生而為人」的這門苦差事。你不必因為不完美而羞愧，你天生如此，你我都一樣。你不必因為難以修正不完美而羞愧：你想修正的「工具」本身就不完美。瞭解這些事情是一個深度自我同理的過程，讓你我能放自己一馬。既然你會為你所愛的人這麼做，何不也為自己這麼做呢？

慈愛冥想

慈愛冥想是一項古老的工具，能幫助我們對自己與他人發揮更大的仁慈。這種冥想似乎出現得比佛教更早，有好幾種形式。我們在這裡解釋的形式至少有兩千年歷史，它培養同理心與仁慈是為了（一）我們自己，（二）一位好友，（三）一個陌生人，（四）與我們相處有困難的某個人，以及（五）外界。我會說明如何實行，並兼顧我們所學的仁慈與自我同理。

收聽這種冥想

如果你想在實行慈愛冥想時受到指導，可以在手機或電腦輸入以下連結：http://thisdifficultthing.com/meditation5

準備

找出讓你愉快的坐姿，坐起來既舒服，也能讓身體挺直與開放。每次呼氣時，全身會產生一種整體的柔軟感。專注呼氣，專注在隨之而來的一波放鬆感，好釋放所有不必要的緊張。

放鬆眼周肌肉，放鬆視線焦點。也可以回想帶著愛意的目光是什麼模樣，接著，讓那些特質滲進你的目光。這會幫助你以溫暖、關愛以及仁慈的眼光看待自己。

為自己培養仁慈

簡單回想一下，你有一個根深柢固、渴求幸福的欲望——那個欲望滲透你的所有作為，無所不在。你要知道這個根本的渴望是好事，也很健康。或許你會想回憶一下快樂的經驗，確認這是你重視的事情。接著回想，真正的快樂、幸福與平靜其實並不如你希望的那麼常見。事實上，你正在執行「生而為人」的艱難任務，而在這人生過程中，你需要、也有資格獲得自己的支持。現在就給自己支持，說些「願你安好。願你自在。願你對自己與別人仁慈」之類的話語。用這種方式不斷給予自己支持與仁慈，維持幾分鐘。

為朋友培養仁慈

現在，想著一個你關心的人。回想他們就跟你一樣，也是有感覺的存在。他們的快樂對他們很重要，他們有追求平靜、快樂或幸福的欲望，那是他們最深沉的驅動力。就跟你一樣，他們能體驗到這些特質的機率也不如預期，也正在生而為人的艱難任務當中。當你以這種方式同理他們，自然就會給予他們支持。「願你安好。願你自在。願你對自己與別人仁慈。」

為陌生人培養仁慈

現在，想著一個你不太認識、或是沒有太多情感連結的人，一個相對陌生的人。你可能對這個人不太瞭解，但知道對方很重要的一點：就像你和你的朋友一樣，這個人也想追求快樂、平靜和幸福感。這些出現的機率不如他們預期。我們都在執行生而為人的這項艱難任務。所以我們能支持他們：「願你安好。願你自在。願你對自己與別人仁慈。」

為一個與你相處有困難的人培養仁慈

現在，再想著一個與你發生衝突的人。這個對象甚至可以是你愛的人——那往往是人最痛苦的衝突所在。儘管這個人與你有衝突，你們之間卻不存在真正的差異。就跟你自己、你的朋友，還有那個相對陌生的人一樣，這個人也正在生而為人的艱難任務當中。他們也想感受到平靜與喜悅，可是那些經驗卻是罕見。所以，一如我們會支持所有會有感受、苦苦掙扎中的人，我們也能支持他們：「願你安好。願你自在。願你對自己與別人仁慈。」

讓心充滿仁慈

去意識你周遭的空間：這個空間充滿聲與光，延伸四面八方。從某個角度來看，你的心思就填滿了那個空間。現在，讓同理心與仁慈注入你的心思當中，也滲透到你周遭世界，於是你相逢的所有人都會感受到仁慈。或許你現在就意識到了周遭世界裡的人，可能聽到他們在移動、說話，或是聽見他們開的車，搭乘的飛機。也可能你只是知道他們在場。要知道，這些人無一不是有感覺的存在，都努力想離苦得樂。祝他們安好：「願我們安好。願我們自在。願我們對自己與別人仁慈。」一旦你感覺到自己擁有這種擴大的仁慈態度，就能想到那些不在場的人：位在世界各地，你認識與不認識的眾人。此時，你的心思已具備仁慈與同理，你將帶著溫暖與理解的態度看見他們，祝福所有人：「願我們安好。願我們自在。願我們對自己與別人仁慈。」

繼續前進

冥想不是結束就了事，而是要將冥想時出現的特質帶進往後的活動中。以漸進、敏感的方式對自己進行這件事，就是仁慈。你已經在對世界培養仁慈與同理心，與它互動。輕輕睜開雙眼，緩緩移動身體，開始更投入。看看你能否讓「所有人都是有感覺的存在」這個同理意識維持一陣子。

●

我很早就得到一個絕佳的意見，那就是同等看待正念冥想以及慈愛或慈悲冥想。我的老師們建議交互練習。在此，我也給你相同的建議。

第六章
安然面對不安

為了實行自我疼惜，我們需要學會「接受」，它是繼「正念」與「自我同理」之後自我疼惜的第三項能力。我們必須學會安然面對痛苦的感覺，而不是對其做出反應。但許多人在此之前必須先獲得協助，才能對自己的感覺更有意識。我們可能不確定感覺是什麼，不知道如何觀察，或根本沒想過該這麼做，甚至會採取因應策略，將自己與自己的感覺切斷，否認它們。（就策略上而言，壓抑感覺的意識最初似乎是逃避生活混亂的方法，此舉卻會造成嚴重的後果。因為我們無法選擇性地關閉某些感覺，所以切斷痛苦感反而會讓自己更難體驗到幸福感。）

與自己的感覺有更強連結的好處，不是只有得以實行自我疼惜而已。如果我們不懂得如何連結自己的感覺，那麼也就難以承認別人的感覺；於是，要形成與維持情感豐沛的關係也就更難了。此外，由於感覺對人生該何去何從來說相當重要，與之失去連結會讓你我更難知道人生真正的想望與需求，因而長期得不到滿足感。

所以，且讓我們更瞭解自己試圖維持正念的是（以及不是）什麼，然後看看能如何去觀察與接受感覺——尤其是那些不舒服的感覺。

區別想法與感覺

在探討如何加強與感覺的連結之前，且先看看一個常見的誤解。大家經常混淆了想法與感覺，因而更難實行正念與自我疼惜。想法，是以內在語言或影像的形式出現在思緒當中。感覺，則是愉快或不愉快的感知，出現在體內。兩者雖然頗不同，但我們使用的語言有時卻會把想法偽裝成感覺。譬如這幾個例子：我覺得自己好像失敗者。我覺得自己無足輕重。我覺得不受賞識。我覺得我毫無吸引力。

這些例子裡談的其實不是感覺，而是在陳述想法。我們認為我們是失敗者。我們認為自己無足輕重、不受賞識或毫無吸引力。為了實行自我疼惜，現在得放下那些會強化痛苦感的反應認知。如果我們認為我們想像出的故事就是感覺，那就無法做到這一點。因此，我們需要學會將想法當成想法，將感覺當成感覺。與其說「我覺得自己好像失敗者」，可以更精確地說「我覺得沮喪，一直認為自己是個失敗者。」「沮喪」一詞指的是身體出現的一種痛苦感，或許包括沉重、疼痛、緊縮等等感知。它與「失敗」不同，後者是我們與那個感覺有關的一個想法或故事。

以「我覺得沮喪，一直認為自己是個失敗者」表達，讓我們得以用兩個方式減少痛苦。首先，我們能質疑如此想法的正確性與實用性；其次，我們能接受這個感覺，慈悲以待。所以，在區分出想法和感覺之後，我們現在能辨識出「我是個失敗者」這個想法是一個故事，而非現實。它是思緒創作出來的一段情節，藉此「解釋」我們為何會痛苦。不過，它是真的嗎？嗯，任何類似「我是個失敗者」的以偏概全說法會是真的嗎？要符合失敗者的定義，人生的一切可都得失敗才行，從學會走路開始算嗎？沒有人會在一切事物上都失敗的。它表示在許多事情上失敗嗎？若是這樣，那我們無一不是失敗者，這個詞也就毫無意義。我們更會發現，這個故事正是不必要的次級痛苦的來源，對我們的長期快樂與幸福沒有助益。我們認知到這個故事不僅既非真實，更是痛苦的來源，因此不必相信。我們可採行的第二個做法，是以正念觀察沮喪感出現在身體何處。如此一來，就能開始接受那些痛苦的感覺，並施予溫柔、仁慈與慈悲。當我們困在「我是個失敗者」這樣的故事裡，就是忙著對自己射出第二支箭，那麼也就無法關照第一支箭造成的痛苦了。

翻譯一下我舉的其他例子，「我覺得自己無足輕重」可能代表「我想像自己很渺小、不重要，感到難過」。「我覺得不受賞識」可能代表「我認為大家不賞識我，我覺得傷心」。「我覺得我毫無吸引力」或許可譯成「我覺得寂寞，又認為自己毫無吸引力」。我們在這些例子裡將感覺與想法區分出來，也就是第一支與第二支箭。一旦將想法與感覺搞混，我們會死抱著自己想像出的故事。但若將兩者區分出來，就能放下故事，對痛苦慈悲以待。

區別感覺與意志

在得知古印度心理學傳統中並沒有對應英文「emotion」的詞彙時，我很意外。怎麼可能沒有文字來代表這麼基本的體驗呢？最後我才明白，佛教心理學往往很精準，而「情緒」一詞並不精準。事實上，科學家和心理學家對於情緒是什麼並沒有共識，有的甚至認為這個詞太模糊，不實用。我同意這個看法。

佛教使用互為對照的二個名詞是「感覺」與「意志」（volition）。我們談過，感覺是體內出現的愉快或不愉快的感知，那其實是腦中古老的部位發出的訊號，警示我們潛在的好處或威脅。「意志」一詞則來自拉丁文字根 *volere*，意指「想要」。想要是欲望或願望。意志建議我們該如何對感覺做出回應。感覺告訴我們有何潛在的威脅或好處，而意志則指導我們採取特定行動，回應那些威脅或好處。

感覺沒有道德高低之分。它們不是選擇，因此不具道德意義。作為感知，它們可能有愉悅或不愉悅之別，但不可能有道德對錯之分。所以，我們能練習接受感覺，允許它們存在。話說回來，我們的意志則是一種內在行動的形式，促使我們採取行動。意志本身和它促使我們採取的行動，有可能引發或是減少我們本身及他人的痛苦。因此，意志確實具有道德意義。雖然意志通常是習慣性與自動性的，我們還是有能力選擇是否去強化或抵抗它。我們能選擇根據意志來採取或放棄行動。這在本質上就是道德：選擇長期對我們自己與他人有利的意志，而不是造成痛苦的意志。

一般的說法可能會將不善巧的意志，例如憤怒、憎恨和渴望，或是耐心、仁慈、欣賞等善巧的意志稱為「感覺」，然而從佛教的觀點來看，這些並不是感覺。「情緒」一詞包含真實的感覺與意志，所以太過模糊，不是一個有用的詞彙。再說一次，我們說要對感覺維持正念，意指去觀察身體上愉悅與不愉悅的感覺，而不是觀察意志或欲望。

由於感覺與意志的本質不同，我們不能以同樣的方式看待這些現象。我們努力接受所有感覺，無論它們愉悅與否。接受，表示不對感覺做出反應，給予它存在的空間，讓它掠過。另一方面，對於意志，無論是否會造成痛苦，我們都必須維持正念。我們需要學會放下無益的意志，培養能引領我們更能對人生維持正念、更富同理心，以及更慈悲的意志。

學會觀察感覺

如果要接受、而不是對痛苦感做出反應，我們就必須學會觀察這樣的感覺。許多人起初對感覺究竟是什麼，或是該如何觀察概念都相當模糊，就連我也是。我記得我在這方面沒有受到多少指引，在我最初試著對自己的感覺抱持正念認知時，常困惑自己究竟在尋找什麼。但是，感覺非常普通，隨時都會出現在我們的體驗中。無論自己知不知道，我們在日常決策及社會互動的世界裡探索，都仰賴感覺的引領。

我想提供一些練習，幫助你瞭解感覺有多麼普遍及重要。你現在就能從這項「看與感覺練習」開始，需時約五至十分鐘：

練習：不管你現在身在何處，讓自己放鬆。將眼睛稍微放軟。花一分鐘左右感受身體出現的感知，包括呼吸的感知。

現在，讓視線緩緩飄移，短暫地落在各種物品上。同時，也注意身體出現的所有感知，尤其是胸部和腹部。

你目光所及的某些東西也許會引發不愉快感。你可能看到一堆還沒繳的帳單，或是蜘蛛網，或是有待修理的東西。不愉快出現在什麼地方？或許有的造成了部分肌肉緊繃，通常是腸胃有緊縮或絞動感、橫隔膜附近有拉緊或刺痛感，或是心臟周圍出現下沉或收縮感。將這些感覺當成注意的目標。稍安勿躁，帶著興趣觀察。

或許你目光所及的某些東西會引發愉悅感受。如果你在戶外，那也許是一棵樹、花朵，或是一隻正在玩耍的狗。如果在室內，可能是一幅畫、照片或家具。你怎知自己覺得這些東西賞心悅目呢？那些愉悅的感覺在哪裡？那感覺是什麼樣子？質地是柔軟、溫暖，還是開放？同樣地，帶著好奇心與興趣去注意。

現在，你的目光有跳過什麼嗎？也許是一片光禿禿的牆壁或地板，或是一扇門？你的注意力沒被它們吸引，大概是因為它們進入你眼中時沒有引發什麼感覺。現在，將目光移向它們，看看它們是否依然令你無感，還是在你注意看時確實產生了感覺。

注意物品的顏色。某些顏色可能會引發愉悅或不愉悅的反應，各種顏色都會產生不同的反應：紅色抱枕產生的效果與藍色抱枕有別，但是引起的感覺特質差異卻難以形容。

試著在不同環境進行這項「看與感覺」練習：室內或室外、在家中、工作時，或在公共場所。你的目標是觀察感覺，但不做反應，就讓感覺出現。可以去注意感覺在注意力從一件物品移轉到另一件時的出現與消失過程。

●

以下是其他幾項也可探索的練習：

※ 感覺會引導我們做抉擇。下回你到咖啡館或餐廳時，留意一下自己在看菜單時生成的感覺。如果希望更有趣一點，那麼別選擇你常點的東西。看著那些你比較不熟悉或不懂的餐點品項時，注意因此產生的直覺。問問自己：「我怎麼知

道我是受什麼吸引，又不受什麼吸引，甚至厭惡？」

※注意你在吃東西時出現的感覺。尤其注意感覺出現和消失時的愉悅及不愉悅的體驗。你的感覺如何隨著時間變化——譬如某種食物你越吃越多時？吃下第一口巧克力蛋糕時的感覺可能會和最後一口非常不同。你有時可能會特別注意吃的感受，有時則無意識地咀嚼與吞嚥。當注意力聚焦又失焦時，感覺有什麼變化？

※你來到一個滿是陌生人的地方，注意你對他們產生的感覺。你會感覺受到某些人吸引，也會想避開某些人。驅使那些欲望的感覺是什麼？你可能完全沒去注意某些人，因為你對他們毫無反應。不過，要是你花點時間去注意他們呢？觀察你對臉部表情和聲音的反應，假設你能聽到那些人在說話。年齡、性別與體型等因素會影響我們的感覺。這有什麼模式？如果你試著將大眾視為有感覺的存在，你對他們的感覺會改變嗎？

※注意與聲響相關的感覺特質。我們周遭往往充滿交通、機器、鳥鳴、音樂、嗓音、人的移動、家電等聲音。我們覺得這些聲音有的悅耳，有的不然。或許你對某些聲音的反應是中性的，沒有可察覺的感覺。如果你對令人不悅的聲音採取接

受的態度，或是對其產生興趣，那麼感覺有變化嗎？

※你我身邊迴繞著他人的行動與行為，我們已學會將其中某些舉止視為不良或無法接受的行為——也許是亂丟垃圾，或是在大眾交通工具上占據太多空間。仔細檢視你身體出現的感覺，注意它們與你的批判想法或欲望有何關聯。也以同樣的方式檢視你贊同的行為——譬如一個人為他人扶著已打開的門。

※在你或讀或寫時，注意隨著文字流動出現的感覺特質。長時間在讀寫的我注意到，感覺是句子結構是否完好的重要指標。文字的組成方式可能是「流動」的或感覺「笨重」。試著注意你讀寫當中的那些美學（甚至是動感）特質。我們在大聲朗讀時，文字的美學特質會益發明顯，所以你可以嘗試看看。

※相對於文字如何組成句子，請注意個別文字引發的所有愉悅或不愉悅的聯想。某些文字是因其意義而引發感覺：「母親」是一個例子，「膿」則是另一個。但有些文字則是基於發音而讓人覺得愉悅或不愉悅。有一項分析發現，「顫抖」（tremulous）和「庭薺」（alyssum）的發音特別令人感到愉悅，而「便褲」（slacks）與「部落格」（blog）往往則令人生厭，即便它代表的是中性的物品。

※使用社群媒體時，注意你的感覺。看到相左的意見時，在你反射性地開酸或封

鎖對方之前，先注意自己身體出現的感覺特質。你能包容那些不舒服的感覺，允許它們存在嗎？

※注意感覺如何影響非常抽象的抉擇，例如那些與你工作競爭策略相關的決定。你在考慮各個可能性時，很可能會產生不同類型的感覺。這些就是我們常說的預感或直覺。

※注意傷心、焦慮、挫折、無聊等等感覺。這些是比較「經典」的感覺，對我們的生活影響特別重大。注意為何心思往往會在這些感覺出現時做出反應。注意你的想法和態度如何左右你的感受。練習放下這些反應，轉而面對難熬的感覺，並且接受它，然後對自己受苦的部分施予仁慈。

●

有時我們沒發現要注意感覺有多困難，是因為感覺不存在。我早年曾經帶領過一次靜修，一名學員在慈愛冥想課過後來找我，說：「我在冥想時真的很焦慮，因為不知道自己有什麼感覺。」我指出，你剛剛不就告訴我你感到焦慮了嗎。那就像他努力過頭，或是找錯地方——這就好比我們遍尋不著車鑰匙，因為我們忙著四處尋覓，就是沒找它的實際所在：就在我們手上。

如果你說不出自己有什麼感覺（沒關係——有時我們就是毫無感受），試著問自己：「我對毫無感覺有什麼感覺？」這往往會讓你忽略的感覺浮現出來。也許你其實對這種無感相當自在——也就是說，你真正的感覺是一種自在或舒服感，缺乏感覺不過是它的表現。另一種情況是，你對缺乏感覺也許感到焦慮或難過，那麼這時你就有一個不愉悅的感覺可以觀察。記得在這些例子中盡力練習接受。

偵測體內出現感覺的能力（我們的內感受能力）會因人而異。有些人天生對內在感知（包括感覺）相當敏感，有些則很難認知到自己的感覺。我以前屬於後者，而且清楚記得最初一次靜修以及和靜修指導者做過一番冥想回顧。他是個性相當溫暖、仁慈且具同理心的老師。我們談到感覺，我說我開始在冥想時體驗到喜悅。可是，當我說這感覺出現在頭部，宛如一道溫暖的光輝充滿我的頭顱時，他卻很驚訝。他十分困惑，不得不請我確認那就是我真正的體驗。（你若是認為這與我說感覺主要是以身體為基礎的說法矛盾，別忘了，頭也是身體一部分。）

當時我對感覺的體驗能力有限，但如今已然不同，我偵測感覺的能力絕非初接觸冥想時所能及。擁有三十五年以上的冥想經驗，我發現自己的身體總是充滿陣陣的感覺，活力十足。這與研究結果一致——經常冥想者體內的感知意識其實要比專業舞者還強。內感受能力可透過練習來發展，如此一來，我們對發自體內的感覺的覺察會變得更強烈。我跟一些長期冥想的人談過，他們說他們隨時都能感受到體內的愉悅感，只需將注意力轉移過去即可。只要繼續練習內感受，同樣能發展對較為「情緒面」的感覺的認知。感覺的世界會因此變得更活躍。

●

接受痛苦

人生最大的矛盾之一，就是一旦試圖去抵抗或逃避痛苦情緒，反而會導致更多痛苦，而面對並接受痛苦，則能帶來平靜與自在。只不過，接受不舒服的事物並不容易。要學會這項重要的能力，不妨嘗試有意識地去回想那些引起情緒不安的事情，看看自己是否能以正念去覺察所有生成的感覺。

練習：回想一段感覺受傷或遭輕視的記憶。挑選一段還可承受、而非創傷大到難以復加的記憶。盡量將那起事件視覺化，越清晰越好，再注意有什麼變化。此時通常會注意到身體出現生理疼痛或不適。對這個經驗抱持好奇。感覺位在哪裡？主要是在腦袋裡嗎？還是心臟？太陽穴？肚子？別的地方？它的質地如何？你能說出這個感覺叫什麼嗎？（如果不能也沒關係。）

進行這項練習時，很可能會出現反應性的想法。對此抱持好奇心。它們呈現什麼型態？它們如何影響你的痛苦？看看你能否設法將之放下，改以正念欣賞身體及其感覺。放下那些想法如何影響了你感覺的特質？

神經科學家暨名作家吉兒．波特．泰勒（Jill Bolte Taylor）表示，體內引起痛苦感覺的化學物質會降解，並在九十秒內沖出體外。只有反應的第二支箭能讓它們久留。你甚至能從前述的練習中注意到這一點。有時，我們會發現自己一旦接受了痛苦的感覺，它們便迅速消失。因此，為了進行這項接受的練習，你需要反覆回想喚起痛苦感覺的事件。

你可以將這個練習視為「排練」，是為日常中的情緒不安時刻預做準備。當痛苦感不由自主出現在日常活動中時，我們往往會措手不及。我們會非常快速做出反應，痛苦也因此加劇。但是，如果是像剛剛那樣刻意喚起痛苦的記憶，就能給自己一個機會，練習與痛苦共處。我們是練習，而不是反應。希望你能將這個練習帶入生活中發展為習慣，那麼才能開始去接受痛苦與不舒服的感覺，而非抗拒。

接受，意味將痛苦與其他感覺一視同仁——就像衣服碰觸肌膚，或是身體重量落在地上的感覺。這個一視同仁的舉動十分具有解放效果，是我們發展「接受」能力最強大的工具之一。蒙特婁大學的皮耶．雷恩維爾（Pierre Rainville）進行的一項研究顯示，身體感到痛苦時，冥想者與非冥想者所啟動的腦部部位其實不同。雷恩維爾博士解釋，冥想者的腦子並不在負責評估的部位處理痛苦，所以雖然感覺到痛苦，但冥想者不會將那項刺激詮釋或標示成痛苦。這就像是來自身體的痛苦訊號被移轉到腦的不同區域，當成一般感知處理。

腦給注意力的容量有限。當它專注在觀察不舒服感覺的細節時，就比較無法產生反應性的想法。換句話說，如果特別去注意第一支箭的效果，你也就無暇拿第二支箭射自己了。我們忙著觀察，譬如痛苦感覺究竟位在身體何處，質地如何，界限何在，隨著時間又有何變化。以這種方法仔細去觀察一個感覺，我們就比較無法覺得它「痛苦」了。

接受痛苦的感覺是練習自我疼惜的必要步驟，想做到這一點，就得放下「感覺有好壞或正負之別」的觀念。作為來自腦子古老部位的溝通方式，感覺基本上是「資訊」：這是一個潛在威脅：那是一個潛在好處。如同我們先前所見，佛教心理學認為感覺並不具道德意義。它們也許愉悅或不愉悅，但絕對沒有對或錯。採行如此觀點，放下感覺有好壞之分的想法，就能幫助我們接受痛苦。

接受痛苦的感覺有助我們比較不會將痛苦歸咎為個人問題。在「兩支箭」的教導中，佛陀談到人若未持正念，體驗到不舒服的感覺時，就「彷彿與痛苦相融」。我們認同自己的痛苦，對自我本質的意識便因而與痛苦綑綁在一起。當我們以這種方式認同自己的感覺，就會視其為是對你我自身價值的評斷，進而增強了我們對這些感覺的反應。譬如，我們便從覺得寂寞，跳到了認定自己不值得被愛，或是人生失敗。再說一次，單純將感覺視為感知或內在溝通，可避免因過度解讀而創造出讓人情緒失能的故事。

我們厭惡痛苦的長期習慣，不會在轉而面對痛苦感知的那一刻就神奇地消失。即使努力發展習慣去接受它，對痛苦做出「反應」的傾向還是會持續。因此，在轉而面對不舒服感時，我們會發現對自己給予安慰與鼓勵是有用的。我們能對自己說：「覺得痛苦沒關係，那是人生尋常的一部分。有這種體驗沒關係，就讓我去感受它，接受它。」用這種方式支持自己，我們就像是自己的私人教練，站在邊線上給予自己慰藉。這位內在的教練也能鼓勵我們，提醒痛苦會讓我們與他人產生連結，而非彼此區隔：「這種體驗人人都有，我並不孤單。」我們可以說，「痛苦無可避免。它不是失敗的象徵，不過是生而為人的一部分。」

我的另一個作法，是提醒自己無須讓痛苦的感覺破壞我心靈的平靜。這個做法我是從一個愛爾蘭朋友那兒學來的，他是記者兼冥想老師佩德雷・奧摩萊恩（Padraig O'Morain）。他分享說，當他困在車陣，遭遇失敗或失望時就會提醒自己：「我的快樂不仰賴這個。」他發覺自己不必萬事盡如人意才能快樂。這個作法很有用，當時我患有飲食不耐症卻未能診斷出來，持續幾個月導致失眠、情緒持續低落、「腦霧」，以及關節疼痛。在明白我的體質無法承受麩質之前，我發現提醒自己「我的快樂不必依靠擺脫痛苦」很有用。我發現，與不舒服感和平共處往往是可能的。雖然稱不上快樂，我卻感受到一種平衡與滿足感，那些不適症狀也因而變得比較可以承受。

釋放情緒

在學習與自己的感覺產生連結之際，我們有時會發現心中突然生成不尋常的憤怒、哀傷、擔憂等情緒，甚至會累積成情緒爆發，就像滿是爆竹的房間裡突然有枝點燃的火柴丟了進來。這種情況我經歷過，我的冥想學生許多也是。我不知道這是感覺實際上益發強烈的結果，抑或只是對感覺更有認知，因而變得更敏感。我懷疑是後者。無論原因為何，這些看似增強的感覺隨後似乎被腦當成了訊號，意味它得產生相對更強的情緒反應。我們變得反應更劇烈，或許還感受到出乎意料的悲傷，或是爆發來得快、去得也快的怒氣。

我認為這大抵無須擔心。在我的經驗裡，我們會迅速適應感覺的增強認知，生活回歸正常。長期而言，我們越是能面對自己的感覺，就越有能力同理他人。它會豐富我們的生活，因為我們會發現自己更容易受音樂、藝術及別人所感動。如果你爆發怒氣，當然要對你傷害到的人道歉，並練習自我原諒。當我們學會讓自我感與感覺脫鉤，道歉就會比較容易。然而，多進行慈愛與慈悲冥想也是好主意，因為此舉會帶來我們所需的自我同理與愛，好在艱困時刻支持我們自己。光是實行正念並不夠。

第七章
支持自己的無助之處

早在完成離婚手續之前，我就考慮要再約會。婚姻最後兩年的生活逐漸變得孤單、寂寞，我渴望感情。一名住在同一地區的女子經常與我搞曖昧，讓我燃起找到浪漫寄託的希望。還是，她有跟我搞曖昧嗎？當時我已太久未曾約會，擔心自己可能想太多，誤解了一段或許只是友善互動的普通關係。就在這時，一個朋友在見過對方和我共處時的舉止後，不經意說起她的行為，即使我根本沒有對他透露我迷上她。因此，猶豫片刻後我鼓起勇氣，找了適當的時機約她出去。各位讀者，結果我被拒絕了。儘管她覺得我迷人，也喜歡跟我搞曖昧，但她對約會完全沒興趣。事實上，當我問她有沒有興趣抽空出去喝一杯時，她還顯得慌張驚恐。那是我多年來首次嘗試約會，因為已經不習慣被人拒絕，誤解了她的意圖害得我感覺受辱，造成她不舒服也令我自己尷尬不已。

詩人里爾克（Rilke）說：「所有令人害怕的事物，或許在最深層的本質上都很無助，想得到我們的愛。」那時，我內心確實有某個地方需要我的關愛、支持和慰藉。於是，我將注意力轉向自己受苦的那部分生成的痛苦感覺，盡可能施予仁慈。我對它說話：「沒關係，這些事在所難免。我們容易誤解他人發出的訊號，大家都這樣，你沒有做錯什麼。」或是，「很遺憾這件事竟是這麼痛苦。願你快樂與平靜。願你原諒你自己。」我將手放在自己的心上，那裡的感覺特別強烈，給予撫觸的慰藉。我帶著仁慈之心，用內感受的內眼看著自己的痛苦，給予溫暖與慰藉。我微笑，發出自信與愛的訊號到身體裡。一個星期左右，尷尬感來來去去，但在我持續慈悲待己之際也成了過眼雲煙。這些都是自我疼惜第四階段的例子：為自己受苦的那部分提供支持。

我提過，有許多人會經歷一個「做」自我疼惜的階段，希望藉此擺脫痛苦。但是對自己的痛苦展現慈悲，重點並不在於要將之排除於體驗之外。自我疼惜的目標，是支持自己內在所有需要支持之處。你我內在的無助會以「痛苦的感覺」為語言，向我們求助。我們若因出於恐懼和厭惡，而對自己受苦的那部分有所排斥，那麼便是冷漠無情，甚至殘酷。當然，也沒有助益。

想像有個身陷苦惱的朋友出現在你家門口。他顯然痛苦不堪，但當下實在太難過，根本無法告訴你原因。如果你有意以慈悲回應，你會怎麼做？你大概會請對方進門，坐下來。你甚至無須刻意，就能自然地看著他，透過自己的身體語言和臉部表情展現關心與擔憂。你會跟他說話，安慰他。你可能擁抱、碰觸他，藉此表現你的關心。你也會給他時間和空間，好讓他告訴你發生什麼事。企圖擺脫你的痛苦，就等於是將你的朋友拒於門外。那就像是你當著他的面將門甩上，因為你不願自己的生活受他們的痛苦干擾。這當然不是慈悲之舉。當你自己面臨痛苦時，也適用同樣的原則。痛苦需要慈悲。當痛苦到來時，它需要受邀進屋，坐下來，獲得同理心與空間，訴說它的故事。

我們有可能在仁慈之際，卻也缺乏同理心——不給一個人空間，不容許他訴說他的痛苦故事。這樣並不會帶來快樂。我在婚姻中犯了錯誤，以為光是關愛我太太，就能修補她的傷痛。我們在收養了第二個孩子之後開始漸行漸遠，鮮少共處。我們分別在各自通勤的兩座城市之間照顧孩子和工作，而且我和她總是往反方向走。在擦身而過之際，我們的溝通僅限於和日常例行事務及家務有關的簡短訊息。她會催兒子上床，我則哄女兒睡覺，我們常是在不同的房間裡跟著孩子睡著。請不起保母，附近又沒有親人，我們很少能喘口氣，擁有兩人獨處的時光。我們沒有在溝通。

我知道她漸漸對我有怨，也感覺得到她的心已不在我身上。所以我展現出情意與欣賞，讓她知道我愛她，希望能重燃彼此之間的火花。我以為因為我感受到愛、表現出情意，就是在表現愛。然而事後回想，我才意識到她需要的不是仁慈與情感，而是同理心。她需要我陪她坐下來，問她感覺如何。她需要一個說出自己的痛苦與挫折感的機會，同時有人傾聽她的心聲。但是當時我不瞭解。其實，那是我害怕去做的事，因為知道我會面對她壓抑已久的怨恨。

直到婚姻告終之後，我才瞭解，當你真正愛一個人時，同理心有多麼重要。發展這種同理心需要問對方在想什麼、有什麼感覺，以及如何看待事情——甚至是在此舉似乎有風險時。若想冒這種險，我們需要學會關注並接受自己的痛苦，而且給予支持。少了同理自己痛苦的能力，要同理別人也難。知道我太太心懷怨恨令我害怕，但我就是沒想到要同理自己的恐懼。我企圖去克服、否認、隱藏自己的恐懼感。無法支持我自己，我也就無法支持她。

之後我學著更同理自己時，我才明白，害怕其實也沒關係。我發現恐懼是人類的自然反應，我不敢面對別人的痛苦與我童年受的制約有關。我在幼時鮮少看到大人真正解決問題，而是目睹他們在爭吵、退縮與生悶氣，直到情緒平復為止。避免可能痛苦但真實的溝通於是成了我的本能。在那段婚姻期間，若是我能同理、支持、安撫內在那個害怕的自己，也許就能在不責備的情況下讓我太太知道我很害怕，並告訴她這種恐懼如何源於童年的制約。或許這還會是我和她之間更真實、誠懇溝通的開端，能在當中彼此表現出同理心。但當時還不可能，因為我還沒學到，要創造親密感，就得先表達自己的脆弱。

●

我日後的感情有一段小插曲：我和女友享受了一頓氣氛平和的早餐，但是沒談到昨夜吵架又和好的事。我覺得不安，因為雖然看似沒事，但我懷疑她也許隱瞞了自己的怨氣。所以我猶豫著不敢問她好不好。我感覺到這些恐懼感在我肚子裡成了焦慮，於是溫柔地注視這個焦慮，說幾句支持的話。突然間，開口就不難了：「昨天晚上，我們沒事吧？」結果我們沒事了，她也很高興我這麼問。我們暢談對彼此優點的欣賞之情。我鬆了一口氣，再次意外地發現，一旦我同理自己，要和別人進行溫暖且具同理心的溝通就容易多了。

●

對自己有認知同理心，包括瞭解我們的存在狀況，意思是體認到受苦正是生命尋常的一部分，而從某個角度來看，人天生就是會受苦。情緒同理心便是建立於此，也就是認知到你我的感覺對自己有多重要，承認每個人都想離苦得樂的事實，接受自己身為一個有感覺的存在的脆弱狀況，而且正置身在生而為人的這件苦差事當中。但重要的是，我們也有慈悲的關懷，能對自己展現支持、仁慈與鼓舞。里爾克的文字說，每個人內在都需要愛的無助感嚇到了我們自己，這反映出一種內在對話。你我內在的無助以「感覺」這語言在跟我們對話，透露它很痛苦。我們演化程度較高的部分則以語言、撫觸及內在凝視的情緒語調回話，支持它熬過痛苦。

當爬蟲類腦與緣腦[1]求助時，不舒服的感覺或許能被看見。我們的慈悲就是新皮質在提供那樣的協助。在新皮質尚未學會成為情緒支持的來源時，持續密切注意著潛在威脅的緣腦往往處在長期不安或害怕的狀態，好似自己孤立無援。如果沒有愛、支持與鼓舞的來源，情況確實如此。所以，我們腦中最近期才演化的部分，需要學會對比較古老、情緒化及不安的那部分提供支持與安慰。本章將探討五個提供愛與安慰的方法，如此我們才能邁進冷靜、清晰與自在的境界。

慈悲的自我對話

我的朋友兼冥想學生布魯斯，曾經歷過反覆陷入悲傷的階段，往往都在一大早發作。他描述自己如何以同理心面對這種痛苦感：「我跟女兒說話常用『甜心』這樣的親密稱呼。現在我也用這種暱稱跟自己的悲傷對話。今早刷牙時，陣陣悲傷感迎面而來。我對它說：『你好，甜心。』所有的悲傷於是全包覆在一個大到足以將它和快樂以及一切全包容進去的東西裡。」另一個擔任臨床心理師的朋友及冥想學生愛蜜莉，則描述她如何將自己的焦慮感當成來客、甚至朋友看待。她會說：「你好。我要出門散步，歡迎你一起來。」之類的話。

自我對話是培養仁慈最常見的方式。事實上，它構成了慈愛冥想的核心。我解釋過我現在用的語彙是「願我安好。願我快樂。願我對自己與別人仁慈。」挑選最後這句話，是為了提醒自己這件事的意義。「願我仁慈」頗有醍醐灌頂之效，有時一說出口就覺得自己更仁慈了。

1 緣腦包括杏仁核、海馬迴、下視丘等，為處理情緒、記憶的中樞，因此也被稱為情緒腦。

練習：現在，靜靜坐著，或許閉上眼睛，偶爾說出「仁慈」。每當你將這個詞置入思緒深處，就花點時間「傾聽」自己如何回應。或許初期效果並不顯著，但你在一段時間過後會注意到自己的態度有所軟化，心臟周圍的感知也可能會出現變化。

「願我仁慈」這句話能讓你回想起自己過去曾有的仁慈經驗，啟動腦中的仁慈迴路，觸發一個更柔軟、溫和，且與自己產生連結的方式。

從某個角度看來，你內在的無助感就像會對音調和說話速度做出回應的小動物。因此，如果你將「願我仁慈」說得冷靜而慎重，語調情緒也溫暖，就會有幫助。若是無趣或疏離地複誦「願我對自己與別人仁慈」這種話，效果就極為有限了。若是想發展出真正的溫暖感，那麼溫和、撫慰地告訴自己，就像真的是在安撫受驚嚇的小孩或動物，如此便會有幫助。

要發展同理心，秉持尊重感受性（respectful receptivity）的精神與自己對話，則會有幫助。我有時會建議他人，如同把一朵花拋進森林中一片靜止的池塘那樣，將話語放進心裡。你也許會讓這朵花緩緩掉落，看著池水漣漪逐漸消逝，接著再放下一朵，也可以在話與話之間停頓悠長，讓自己有時間吸收。我在練習慈愛冥想初期，就學到可運用呼吸調整說話語速。我會吸氣，然後在隨後呼氣時說：「願我安好。」接著完整呼氣與吸氣一次，完全不說話，如此一來就有時間留意那句話帶來的效果。接著再在呼氣時說：「願我快樂。」依此類推。如果自覺在這段只覺察呼吸的時間裡心有旁騖，那麼可在每次呼氣時說一句話。相較於急速背誦，這個緩慢而有節奏的方法有效多了，急速背誦會導致人一直去思考，進而無法以正念看待感覺。你可以將這個過程視為對話的一環，與你自己驚嚇、無助或痛苦的那部分的對話。跟你的心、肚腹，或任何出現痛苦、不適感的身體部位說話。你的緣腦正藉著這些感知在跟你對話，請仁慈地回應自己在完成一個溝通周期後的感覺。

你與自己的這個對話無須侷限於我建議的常用句子。內觀禪教師與治療師傑克・康菲爾德（Jack Kornfield）就有如下的建議：「願我充滿慈愛。願我遠離內在與外在危險。願我身心安好。願我自在快樂。」康菲爾德將「願我充滿慈愛」也納入，可見得也認為你我若是能提醒自己對話的目標是變得更仁慈，將會有幫助。另一位內觀禪教師雪倫・

薩爾茲堡（Sharon Salzberg）則這麼建議：「願我遠離危險，願我知曉安全。願我擁有心理快樂。願我擁有生理快樂。願我擁有幸福自在。」有很多可能的變化，你甚至可以想出自己的版本；這往往會在冥想時不由自主出現。事實上，一旦接受在慈愛冥想之際與自己對話，就能有極大助益，就像你在安慰好友那樣。我會對自己這麼說：

※很抱歉你這麼辛苦。讓我盡全力幫助你。
※我知道你現在很焦慮，但希望你知道我就在這兒支持你。你不孤單。
※我真的關心你。希望你感到平靜。
※你的幸福對我很重要。希望你快樂。願你快樂。
※沒關係。我們會熬過這一關。我們一起面對。
※我愛你，親愛的。我就在這裡盡力看顧你。

或者，你可以從「我只想告訴你……」開始，再看看接下來的發展。想出的話有時最後會變成慣用語，因為我們會開始一而再、再而三地說。不過，無論我多常重複自己的話，那些都是「我的話」，是為了我和我內在無助的那部分量身定做的。使用自己熟悉的口氣及節奏，不僅能感覺親密熟悉，而且相較於任何現成可用的話，無論那有多詩意，發自自己內心的話都更能讓自己安心。只要語氣溫暖，語速能配合自己的身體和感覺，那麼都是有效的。不過，不是所有人都會覺得進行這樣的對話很容易。沒關係，慣用語也行。都可以。

上述談到與無助的自己對話內容，大多也能應用在對自己施予慈悲上，不只是慈愛冥想時，也包括進行日常活動。我在書中提供了不少例子，說明在你感受到傷心、尷尬、恐懼等情緒之際，如何以撫慰、仁慈與同理的方式和自己對話。我們可以持續和自己的痛苦及不舒服感對話，視需要說出支持與鼓舞的話語，幫助緣腦知道它受到了關懷，而且有一個朋友及夥伴正在關注它的幸福。最後你會發現，隨著你的緣腦開始相信它的確受到了照顧，它的擔憂會被認真看待，它也會變得較不焦慮，減少發出它在苦惱的訊號。

大家有時會把這些內在的溝通與新時代（New Age）的「自我肯定—affirmations」搞混，後者是用以協助人提升自我感覺的正面陳述。這些自我肯定以及對自己說好話某種程度上或許會有重疊，但通常並非如此。事實上，正面的自我肯定有時可能缺乏同理心，甚或適得其反，讓人感覺更糟糕。加拿大安大略省滑鐵盧大學的心理學家瓊安・伍德（Joanne V. Wood）就發現，像「我討人喜歡」的這種自我肯定，就可能導致許多人對自己的感覺更糟糕。告訴自己你其實根本不相信的話，會引來矛盾的迴音。「我討人喜歡」就可能會面臨「你想騙誰？你是失敗者，根本沒人喜歡你！」密西根州立大學心理學系副教授傑森．墨瑟（Jason S. Moser）的另一項研究發現，要焦慮的人以正面態度去解釋具威脅性的事件，會有負面後果。「當焦慮者被要求降低負面情緒時，擔憂感其實會在他們腦中生成矛盾的反效果。」他寫道，「這顯示他們……其實造成自己的負面情緒更嚴重，即便別人要求他們正面思考。」若是以我一直提到的個人內在溝通循環的角度去思考，這就十分有道理。當你的邊緣系統認定威脅出現，並發出警示，那麼告訴它沒有威脅，只會讓它更努力去說服你。對緣腦來說，這威脅是真實的；既然緣腦會透過「感覺」與你溝通，它就會強化那些感覺，好引起你的注意。實際上它是在大喊：「別再不理我了！壞事就要發生了！」

我建議的這種溝通方式認可緣腦的觀點。當緣腦感覺受到威脅，產生焦慮時，與其說出它知道並非事實的話，像是「我有信心」，倒不如說「我知道你現在很焦慮」或是「我知道這很可怕」。緣腦現在感覺自己的心聲被聽見了，也知道你明白它的憂慮。接著我們的新皮質能給予緣腦支持和鼓舞：「我在這裡挺你。我關心你，希望你快樂。」

這兩種方式——抱持同理心去認可緣腦的觀點，以及提供真心的慈悲——都是內在溝通有效的必備條件。

溫柔的撫觸

撫觸是我們對自己與他人展現支持及慈悲最自然的方式。觸摸是一種比說話更古老的語言。哺乳類動物大多都需要經常進行身體接觸，才能維持情緒安適。牠們會為了追求純粹的愉悅而觸摸，在難過或為了安撫彼此時更是如此。除非有人經常觸摸，否則人類嬰兒根本無法調節代謝途徑，而身體接觸不足更可能導致嬰兒的免疫系統衰退，甚至死亡。當小孩子難過時，我們自然會有的憐憫反應就是去抱他們。當你跟遭逢困境的朋友說話時，會將手放在對方的手臂或肩膀上，或是給他一個擁抱。當我們悲傷或不舒服時，觸摸自己的身體也可充作是對自己展現關心的方式。

將手置放在感覺最明顯的身體部位——通常是心臟或太陽穴——會有幫助。你可以運用這種慈悲的撫觸，補充及強化你在進行的安撫對話。在對自己說話時，想像那些話語流經你的手臂，從手流進體內，在恐懼的你與慈悲的你之間創造出一條同理溝通的渠道。有研究顯示，某些類型的觸摸能釋放催產素（oxytocin）這個所謂的「親密荷爾蒙」，有助與他人產生連結，帶來愉悅與愛的感受。透過慈悲而憐憫地撫觸自己的身體，我們也能為自己達到類似效果。

透過觸摸，我們自然就能夠給予及接受慈悲。至善科學研究中心（Greater Good Science Center）創辦主任暨加州大學柏克萊分校心理學教授達契爾・克特納博士（Dr. Dacher Keltner）多年來都在研究觸摸在傳達慈悲當中所扮演的角色。在一項二〇一六年針對兩百多名成年人進行的研究中，他以互不相識的兩人為一組，請他們進入一個房間，中間則以屏障隔開。雖然參與者無法聽見或看見彼此，但其中一人能將手伸入簾子上的一個洞，觸摸另一人的前臂。克特納要求伸手的那個人設法只透過觸摸來傳達十二種不同的情緒，包括愛、感激以及慈悲。這些情緒可透過撫摸、拍打、推擠、輕扣等動作表示。令人訝異的是，被觸摸者都能準確分辨出只靠簡單的身體接觸表達的不同情緒。

卡內基美隆大學心理學家布蘭妮・賈庫畢亞克博士（Dr. Brittany K. Jakubiak）與布魯克・芬尼博士（Dr. Brooke Feeney）的研究指出，就連想像的觸摸也有益身心健康。相較於想像伴侶在口語上提供支持的受測者，想像伴侶以身體觸摸給予支持的受測者更能面對痛苦，也更能處理造成心理壓力的任務。

我們對觸摸的需求在年幼時最強烈，並隨年紀增長而減弱。不過，成年人依然需要身體接觸才能維持幸福感。我猜想，你我許多人長期都活在觸摸剝奪的狀態中，使得焦慮、憂鬱和自我懷疑更為惡化。雖然我們無法隨時都能接受他人慈悲的撫觸，卻能接受自己以仁慈與慈悲撫觸自己。這麼做不僅能做為對痛苦的回應，也能主動給予自己在與他人接觸時能獲得的相同好處。

關愛之眼

我在地方大學教過一門個人發展與研究技巧的課程，時間長達十年。我和學生一起做的一項練習，是將他們兩兩配對，並請其中一人將他們在暑假做過特別有意義的一件事分享給同組夥伴。說話者不知道的是，傾聽者事先已被要求，對聽到的話不做任何反應。聽者雖然看著夥伴，卻必須面無表情，也不能有微笑、點頭，或發出聲音，以免對方以為聽者對他們說的話有興趣。結果充滿戲劇性。面對同組夥伴毫無反應，說者大多都變得極為不安或焦慮，有時甚至說不下去。（附帶說明，傾聽者常覺得不能給予同理的反饋十分難受。）

我們會將被人以中立的方式觀看——提醒你，是中立，而不是主動帶有敵意——理解為威脅。事實上，心理學家也會運用無反應的中立裁判小組，引發參與研究者的壓力。哈佛學者艾美・柯蒂（Amy Cuddy）專門研究人類身體語言對個人生理與心理的影響。她形容這種經驗「比遭受質問更糟糕」。著有《為什麼微笑？：臉部表情背後的科學》（Why Smile?: The Science Behind Facial Expressions）一書的耶魯大學心理學教授瑪麗安娜・拉佛朗斯（Marianne LaFrance）表示，跟一個面無表情的人說話，「感覺就像站在流沙上面」。現在問題來了：你在觀察自己時帶著什麼情緒？有時或許是敵意，尤其是身體不舒服，或是你在評斷自己所做的一件事，或是在照鏡子時。但即使是中立的，你的腦接著也很可能會將你的眼光視為帶有敵意。如果我們不給予自己同理心與仁慈，就等於是強迫自己站在拉佛朗斯所謂的「情緒流沙」上，因而經常產生懷疑和恐懼。

幾年前，我學到一種給予仁慈的好方法。它出自美國禪修老師珍・邱禪・貝斯（Jan Chozen Bays）所寫的《最美好的都在此刻》（How to Train a Wild Elephant）一書。邱禪描述她稱為「以關愛之眼觀看」的練習，一種能改變我們看待世界與自己的方法，極其有力，卻相當簡單。我在本書中提過幾次。邱禪寫道：「我們知道在談戀愛、看到新生兒或可愛動物時如何運用關愛的眼睛。那麼，我們何不更常運用關愛之眼呢？」是啊，為什麼？

我將邱禪的練習整合到我的教學當中，鼓勵大家回想以關愛之眼去看的經驗。邱禪所舉的戀愛或看著嬰兒或可愛動物，都是完美的例子。我通常會回想看著孩子睡覺的情景，那會喚起一種珍愛與溫柔保護的感覺。一旦你內心想起這樣的事情，請留意眼睛及其周圍的感覺有什麼特質。那往往是一種柔軟、溫和與溫暖的感覺。請留意並欣賞那些特質。現在，注意那些特質如何在眼睛之外、也出現在你的內在凝視裡。隨著你將注意力轉向自己——轉向這脆弱、溫柔、容易受傷的存在，轉向它擁有的感覺——注意自己能如何以同樣的關愛、欣賞與溫柔看待自己。

這是有可能的，因為視網膜在解剖學上屬於腦部，因此，如果我們改變對視覺的態度，就會改變腦本身的運作方式。無論原因為何，一旦回想以關愛之眼觀看的經驗，我們就會以溫暖、仁慈、同理的方式看待自己。我們會發現身體開始變得柔軟，心胸變得開闊。我們會享受、感激受到關愛的注目。就像狗狗在被人撫摸時會低吟、貓會呼嚕叫，緣腦也會將一波波的愉悅感傳入身體，表現它的感謝之意。當你愛自己，你的自我就會投桃報李。

再一次，我們能將這項作法與先前談過的其他作法整合。我們能和自己需要支持與仁慈的部分交談，安撫它，透過撫觸給予連結與撫慰，也以關愛之眼看著自己的痛苦（或相同的內感受）。現在我們已開始建立一個強大的工具組合，能幫助我們支持自己內在的無助之處。

微笑

微笑，是將我們的情緒狀態傳達他人的訊號，它能傳達快樂或尷尬，友善或安慰。但微笑也能傳達慈悲。倫敦大學學院的卡洛琳．法爾康納博士（Dr. Caroline J. Falconer）指出，我們有一種臉部表情，稱為「仁慈的慈悲—kind compassion」，那是溫柔而友善的凝視，再加上溫和的微笑；另一種「同理的慈悲—empathic compassion」則較顯哀傷與擔憂。表達仁慈的慈悲被視為是在對另一個人傳遞溫柔，藉此安撫他；而同理的慈悲則是在「傳達感性給受苦的自己與別人，代表設法避免及減緩痛苦的欲望與決心。」

除了作為與別人溝通的管道，包括微笑在內的各種臉部表情，也能與自己溝通。微笑能安慰我們，讓我們更快樂。這句話咸信出自一行禪師之口：「有時，你微笑來自於喜悅，但有時，你的喜悅也來自於微笑。」所以，當你轉而注意自己情緒的痛苦或不舒服時，微笑有時可能正是適當的解方。此時，微笑展現的不只是關懷與仁慈，還有自信。當我們以微笑面對痛苦，就是在對自己受苦的那部分說：「沒關係，我們可以面對。不必擔心，你很安全。」

有些人不太願意刻意微笑，認為那麼做很假。因此，你若是對非出於真心喜悅的微笑有強烈的反感，那就視情況而定。或許對你來說，微笑就近似那種會讓有些人感覺更糟糕的正面肯定。事實上有研究正顯示，在工作上被迫保持笑容的人反而會倍感壓力。有一個折衷作法能避免虛假感，那就是去想一件會讓微笑自然浮現的事情。這麼一來，浮現的便會是真誠的微笑，我們能在轉而去面對內在的艱困處境之際，也容許微笑及伴隨而來的感覺常駐。如果你不願勉強自己微笑，建議你嘗試一下前述的方式，看看效果如何。同樣地，微笑也能和前述其他展現支持的方法並用。

放鬆身體

為自己的痛苦提供慰藉，還有一件事可做，那就是容許身體放鬆。同樣地，身體語言不只是在對別人說話，也是一種內在溝通的形式。緊繃的身體就像在準備迎接威脅，其實會強化你的防禦感，因為腦袋會將緊繃視為是令人恐懼的東西必然會出現的訊號。同樣地，身體自在的感受則有助我們在情緒層面上更感放鬆。當特別的壓力出現時，你可以先或坐或躺，休息一下，逐步帶領自己的意識走遍全身，盡量讓每條肌肉輪流放鬆。

呼吸能幫助身體放鬆。身體會在每次呼氣時自然放鬆。在閱讀這些文字的當下，你就可以注意這一點。注意呼氣時有什麼狀況，你會察覺到出現一波「放下」感，往下傳遍全身。這無須你去想像，它確實在發生。隨著每次呼氣，全身會變得更加輕鬆，肩膀垂下了，胸腔放鬆了，腹部肌肉變軟，脊椎也穩定下來，全身的緊繃感都在消退，即便只有一點點。繼續注意呼氣，我們能感受到身體變得越來越放鬆。事實上，呼氣過程受到副交感神經系統的控制，有助身心達到休息、平衡與冷靜的狀態。無論殘留的是什麼樣的緊繃感，接受它，施予愛。與其擔心有哪裡沒放鬆，倒不如感謝確實出現的任何柔軟跡象。

練習：來自一個未來的朋友的信

請從十年、十五年或二十年之後的未來，寫一封信給你自己。假設你在此時和彼時之間持續探索正念與慈悲，而且比目前的你更滿足、明智且仁慈許多。你這封信是要寫給現在的你，就像一個有智慧、仁慈與慈悲的性靈朋友在對你自己說話。這個未來的你以仁慈與理解的態度回顧你，在你經歷痛苦掙扎之際給你支持與同理心。這個你給予你無條件的愛，完全不帶批判眼光。這個你的來信談到你在生活中遭遇的困難，談到你或許經歷到的不安全感及羞辱，以及所有你反覆認為自己「不夠好」的想法。它給予你慰藉、鼓舞以及引導。未來的你非常瞭解你自己。從某個角度來看，這個未來的你比你更瞭解自己，因為他這一路經歷了你依然陷在其中的困境，並且發展出深刻的人生洞見，只是目前的你尚未擁有。

如果認為自己沒時間寫出一整封信，那麼寫出要點即可。這項練習沒有「對」或「完美」的執行方法。

記得請先完成這項練習，才翻到下一頁……

這裡有一件有趣的事：在這項練習中，那個有智慧、仁慈又慈悲的「未來的你」，其實就是「目前的你」的一部分。這就是為何你能夠知曉他的觀點和話語。

這項練習有助於提醒我們，我們本來就具有以仁慈與明智的方式理解自己的能力，它也給我們機會去嘗試。每個人都能夠使用仁慈的泉源，卻往往忘記這麼做，或者根本渾然不覺這個部分的我們其實存在。你在傾聽「未來的你」的聲音時，會意識到自己與生俱來的自我仁慈、自我疼惜與智慧。你會發現，你有一個部分的自己能在你遭遇人生的挑戰時，瞭解與支持你。

所以，該如何消化這個得自內在智慧來源的訊息，以此作為人生的指引方針？你能將它們貼在天天看得見的地方嗎？你能每週從頭到尾看一次，甚至天天看嗎？

後續練習：找一個不受打擾的地方靜靜坐著幾分鐘。注意身體的感知，包括呼吸的那些感覺。現在，想像自己擔任導遊，帶領未來的你參觀你的身體。記住，你邀請的是慈悲、願意接受別人意見的「未來的你」進入你的身體、心思與感覺。他會非常感興趣，再度造訪這個過去版本的你。他會瞭解你，而不是批評你。他會愛你，而不是譴責你。讓他看見你的痛苦，你的羞愧和你的脆弱。他明智與慈悲的心有何反應？請讓自己被愛、被瞭解與被珍惜。

收聽這種冥想

如果你想在練習時獲得指導，可以在手機或電腦輸入以下連結：

http://thisdifficultthing.com/meditation6

再說一次，你從未來的自己收到的任何智慧、接受與慈悲，其實都來自於現在的自己。這些都是你目前就具備的能力。別忘了，你隨時都能召喚未來的自己施予仁慈。你可以將這些當成一股伴隨你到任何地方、無處不在的關愛力量——宛如某種守護天使。

●

我們有許多工具可用來給予自己支持與鼓舞。我們慈悲地與自己對話，透過撫觸安慰自己，令自己安心，以仁慈的眼光看待自己，微笑，並容許身體更放鬆。我們甚至能感應到自己的仁慈，彷彿那是一股外在力量，帶著慈悲心看顧、保護著我們。這一切都有助我們支持自己正在受苦的那些部分。如同里爾克所言，或許我們有些部分確實無助，但整體上絕非孤立無緣。

第八章

第三支箭與明智的自我關懷

除了佛陀所說的「悲痛、憂傷與哀嘆」反應之外，我們還會試著以另一種方式脫離第一支箭的痛苦，也就是採取否認與分散注意力的途徑。我將如此策略稱為「第三支箭」，因為佛陀雖然沒有將它納入箭的比喻，卻在相同的論述中談過：

> 嘗及痛苦感覺時，眾生會從感官歡愉追求喜樂。為何？因為未受指引之人只知感官歡愉，不識其他離苦得樂的途徑。

對於痛苦，這樣的反應比第二支箭的憤怒與自憐間接許多。為了避免痛苦，它將我們的注意力引導到他處，改而追求短期上堪稱愉悅的事物。情緒性飲食、酒精與藥物、工作過度或忙碌，以及科技上癮，這些都是現代生活中最常見的「第三支箭策略」。

我們會以為，這種追求與喜樂的策略就包含沉醉於愉悅的體驗。這有時固然會發生，但更常見的是分散我們注意力的並非愉悅本身，而是去追求愉悅的行動。第三支箭活動大多數時間都會令人麻痺或是不滿足，繼而不斷追求永遠無法企及的喜悅。我把第三支箭當成一個人就泡在麻醉劑裡，生出狂熱的夢想，在夢裡永遠追逐著虛幻的歡愉。在我們責怪、抱怨或深陷痛苦之際，第二支箭立即帶來痛苦的結果，但第三支箭的痛苦結果則往往是延遲而至。

情緒性或安撫性飲食是處理不悅感覺的常見策略。我們往往藉此想排解自己的壓力、寂寞或無聊。這是典型的第三支箭活動，試圖轉移對痛苦的注意，然而長期下來卻會造成更進一步的痛苦。安撫性飲食有可能造成健康問題，而且會令人自我憎惡，對解決原本的問題自然毫無助益——我們極力想避免的寂寞、壓力等第一支箭的感覺依然存在。就算在情緒性飲食的當下，往往也無法帶來多少愉快或喜悅感。我們不會特別注意自己吃下的食物。當我陷在這種行為時，感覺到的通常就是因重複動作造成的焦躁與麻木：拿、嚼、吞；拿、嚼、吞。這是一項麻醉儀式，帶來的滿足或喜悅感少之又少。似乎只要再吃一口，就能獲得愉悅。這把洋芋片不夠滿足，不過，再來一把或許可以。還不行？說不定再下一把就可以。我們始終達不到自己預期的滿足感，於是就有繼續吃的動力。我們就像寓言中的驢子，前方掛著一根胡蘿蔔就能引誘牠繼續拉車。在欲望驅使下，驢子繼續前進，就算始終吃不到胡蘿蔔也抑止不了牠的渴望。

我們指望藥物與酒精能擺脫問題，短時間也許會因此覺得更快樂、更放鬆，然而長期下來卻解決不了問題，甚至會嚴重影響自己及旁人的幸福。由於酒精是社會可接受的「毒品」，光是想到它的不良後果都讓人不自在。但根據國家酒精濫用與酒癮研究院（National Institute of Alcohol Abuse and Alcoholism）的說法，光是美國每年估計就有八萬八千人因酒精相關問題死亡，導致酒精成為第三大可預防死因。據世界衛生組織估計，全球每年有三百三十萬人的死亡可歸因於飲酒。另一項第三支箭活動是抽菸，它高居可預防死因首位。

我談的不是菸與酒的對錯，只是討論抽菸飲酒行為的潛在與實際後果。我自己在發現酒精會造成我偏頭痛之後，就有好幾年滴酒不沾。那段期間，我體驗到難以形容的思緒清晰。在某位老師對飲酒的壞處表達強烈立場之後，雪倫·薩爾茲堡同樣有好幾年不飲酒，也體驗到同樣的效果。「實驗結果就是我清楚感受到明顯的不同……出現某種澄澈的思考與力量……我覺得自己更單純、更強大、更清晰、也更有自信。」即使你飲酒非常節制，也可試著一個月、甚或短短一週滴酒不沾，看看效果如何。

工作成癮則和藥物或酒精依賴相當不同。工作成癮甚至可能令人欣賞：看我多努力工作。我生產力超高。我是不可或缺的重要人物！工作可能是逃避家中痛苦挫折感的途徑，對男性尤其如此。這可能會一發不可收拾：與心愛的人維持良好溝通、克服無可避免的困難的時間越少，那些困難就會益發嚴重。挫折感進而演變為憎恨，憎恨再演變成輕視。工作狂為了避免面對這些令人不舒服的問題，甚至會在辦公室待得更久，在家時則只想獨處。任何事物只要令人想起配偶的連結感、溝通與親密需求未獲滿足，便是又一支的第三支箭。

忙碌成癮也差不多，但這忙碌未必與工作有關。我們就是確保自己不停奔忙，沒有時間能慢下來感受生活中發生什麼事。於是，我們永遠匆匆忙忙，做著看似值得讚揚的事（瑜珈課、支持非營利組織、帶孩子參加各種活動），然而，這些顯示的無非是你不願慢下腳步的心理。南非詩人伊恩・湯瑪斯（Iain Thomas）寫道：「每一天，世界會抓著你的手，大喊：『這個很重要！這個很重要！這個也很重要！你必須擔心這個！還有這個！還有這個！』可是，每一天，你都可以猛力抽手，擱在自己心上說：『不，這才重要。』」然而對我們發號施令的不是只有這個世界。你我自己內在的聲音也在聲聲催促，讓我們誤以為做這些、那些事，遠比和自己心愛的人共度美好時光來得重要。

我們作家有一種特定的規避形式，會認為做什麼都比坐在空空如也的白紙前來得可取。打掃廚房浴室、將收藏的影帶照字母順序排好、不斷查看電子郵件，或是找出迴盪腦海裡的那首歌的歌詞，這些活動突然間都變得無比重要。結果，拖延的問題並不在於時間管理不佳，而在於我們認為要管理不舒服的感覺很難。

過去這幾十年來，我們透過科技逃避不滿足的機會呈現指數增長。在我小時候，電視只有三個頻道，而且節目內容固定。如今多數人都隨身帶著手機，在上面瀏覽社群媒體上的巨量資訊、挑選無限的電視節目與電影、玩遊戲、尋找伴侶、回覆工作郵件，或傳訊息給朋友和家人。這種科技令人上癮，已經到了心神不定或無聊時就會拿起裝置盯著螢幕看的程度。我跟不少夜裡不敢將手機調成靜音的人談過，他們就怕有人需要與跟他們聯絡。維拉諾瓦大學路易絲費茲派屈克護理學院的伊麗莎白・道達爾（Elizabeth B. Dowdell）甚至觀察到在睡眠中傳訊息的現象！超過四分之一的大學生曾在睡覺時傳訊息，或至少是尚未完全清醒時，而其中百分之七十二卻不記得做過這種事。另一狀況是螢幕亮光剝奪睡眠的問題。夜間直視光源會干擾腦中原有的褪黑激素，那是睡眠不可或缺的化學物質。

美國國家衛生研究院的報告指出，一九一〇年時，多數人每晚睡九小時，如今成年人的平均睡眠時間還不到七小時。此外，報告還表示「逾三分之一的成人白天嚴重嗜睡，每個月有幾天會影響到工作、駕駛及社會功能。」睡眠剝奪的一項副作用是造成調節情緒困難。睡眠不足時，我們比較容易焦慮、發怒與憂鬱，任何失眠的人都能證實這項說法。

睡眠不足只是科技成癮的後果之一。密西根大學與澳洲蒙納許大學的研究人員在二〇一九年所作的社群媒體成癮研究顯示，臉書重度使用者的決策能力受到損害，在心理測驗的成績與古柯鹼或海洛因上癮者一樣糟糕。密西根大學心理學家伊森·克羅斯（Ethan Kross）發現，使用者在臉書上所費的時間越多，快樂與整體生活滿意度就降得越多。研究也證實，並非寂寞者比較可能使用臉書，而是使用臉書令人寂寞。

這些都是典型的第三支箭：稍感無聊或不滿時，我們的反應是去追逐線上交流那種想像的愉悅，最後卻發現反而更不快樂。科技承諾連結你我，有時的確如此，但科技更常將人阻隔開來，令人寂寞。手機內的世界充滿誘惑，因為相較於混亂的真人互動世界，手機裡的世界既簡單又好掌握。我們跟伴侶坐在咖啡館裡，有那麼一刻，輕微的不確定感浮現，我們不知道自己要說什麼，或是該如何重新連結。但我們不是保持靜默，直到兩人展開對話，而是迅速拿起手機，沉浸在社群媒體中，跟幾乎不認識的人產生聯繫。

每次這麼做，就錯失了一個與真人連結的機會，對彼此的關係又多了一點不滿足。每次這麼做，就是在強化一種迴避不自在感的習慣。

我們試圖追求愉悅、逃避痛苦的方法不只這些。色情成癮、性成癮、婚姻不忠、運動成癮以及購物成癮——這些都是為了追求愉悅感，或是要企及我們認為對自己有利的目標。然而這些行為也充滿痛苦，帶來痛苦的結果——損害健康、破壞最親密的關係，造成焦慮、憂鬱以及自我憎恨。第三支箭的麻醉作用轉移了我們對痛苦的注意力，卻也引發了更多痛苦。而第三支箭造成的後續問題往往遠比我們本想逃避的不舒服還更嚴重。追求愉悅只能讓我們部分或暫時忘卻自己根本的痛苦，某種程度上，我們知道那些痛苦還是以某種形式在等著我們。如果原本無聊，我們之後還是會無聊。如果原本寂寞，之後依然會寂寞。如果原本焦慮，之後仍舊會焦慮。

四步驟自我疼惜與第三支箭

本書中探討的四步驟過程，有助我們避免對自己射出第三支箭。強迫作用是一種「故事」。它說：「你得這麼做，才能找到愉悅或快樂。」無論這個強迫作用是狂吃洋芋片、第五百次查看臉書，還是熬夜東摸西摸，我們都能以正念意識到強迫活動的模式正要開始或正在發生，也能看見痛苦與不舒服的存在。現在，我們能放下這個故事，轉而面對自己一直設法逃避的那個深層的不舒服，給予支持、鼓舞與仁慈。以這種方式創造出正念的神聖停頓時，我們會發現自己此時已能採取行動，更容易跳脫自己的成癮模式。

在此要強調，我談的是「一般」成癮，而非藥物或酒精成癮。儘管我推測這個四步驟方法的元素也能在治療藥物或酒精成癮症狀時扮演某種角色，但我還沒與有這兩種濫用問題的人特別合作過。

也許因為太常抗拒不了危險的誘惑，我們因而說服自己缺乏「意志力」這神祕的特質。然而我們在第二章也看到了，若要激勵自己，意志力必不可或缺。我們慈悲地和未來的自己搭起連結的那些方法，對減除強迫作用會有幫助。為了上網而想熬夜的「晚間的你」可去想「早晨的你」會有什麼感覺。如果明白早晨的你會因晚間的你適時去就寢而心生感激，那麼晚間的你就比較可能會縮減上網時間，上床睡覺去。

我們克服強迫行為的另一種方法（不運用難以捉摸的意志力），就是以慈悲和策略限制自己放縱的機會。譬如，如果你有狂吃餅乾的毛病，那麼明智的作法就是確保家裡沒有餅乾可吃。如果家中已經有餅乾，就把它收放在隱密處，才不會因為無意間看到而意識到它的存在。或者，如果你發覺自己陷入焦慮的循環，起床第一件事就是察看手機，那麼夜裡就別把手機放在臥室充電，改放客廳。其實，你夜裡何不乾脆關機，如此一來就不必在上線之前等它充飽電呢？設下的障礙越多，要對抗一般的強迫活動也就越容易。當你心生出門去買餅乾或先打開手機的欲望時，你有四步驟的自我疼惜過程可用於安撫、支持自己。你能安然度過如浪襲來的渴望，直到它消退。我們此時已進入明智自我關懷的範圍，這是一個強而有力的解方，能對付否認痛苦與強迫追求愉悅的第三支箭。

明智的自我關懷

當我太太說她想分居時，我震驚不已。更痛苦的是，我沒料到她也把孩子一併帶走，那樣她才能跟朋友共度幾天。我根本沒機會跟他們道別。她似乎認為此舉沒什麼大不了，但對我而言卻是難熬時期的一拳重擊。我在空蕩蕩的屋子裡度過漫長的週末，第一直覺是想把一堆油滋滋的垃圾食物塞進肚子裡。我想像演化生物學家會說，人類已演化出在面臨危機時吃進高熱量食物的本能，以助自己度過眼前的各種考驗。根據經驗，在食用漢堡、薯條這類高油高鹽、高碳水化合物的食物時，雖會有備受撫慰之感，但事後卻會造成飽脹、不適、懶散感，而且有損健康。

那些不智的衝動當時不斷出現。不過，既然我一直努力學習自我疼惜，便決定改吃新鮮蔬菜多多的泰式咖哩，如此才是既能滿足短期口腹之慾、又能顧及長期健康的上上之選。我也避免酒精的誘惑，因為我知道飲酒極可能讓我憂鬱與自憐。我聯絡了幾個朋友，好讓他們知道發生什麼事，那麼我就能得到一些情感上的支持。我去散步，冥想。這些舉動並沒有讓我正經歷的情緒痛苦消失，而我也沒有期望它們會消失。但我沒有逃避自己的痛苦，也沒做出任何會對長期福祉造成負面影響的事情。事實上，我反而做了許多會讓我將來更具韌性的事——從運動到和朋友聯絡感情都有。我在練習明智的自我關懷。

明智的自我關懷是可抵擋第三支箭的盾牌。只要是對長期的快樂與幸福有貢獻，而且有助情緒更具韌性，那麼任何行動都是明智的自我關懷。第三支箭活動追求愉悅，希望逃避痛苦的感覺，而明智的自我關懷則從「接受」那些痛苦感覺開始。第三支箭行動屬於短期思考，而明智的自我關懷則將長遠的快樂與幸福納入考量。第三支箭行動是腦中反應性與不明智部位的產物，而明智的自我關懷則來自腦中那些觀點更深遠、成熟的部位。第三支箭具有習慣性和強制性，明智的自我關懷則是理性且有意識的選擇。第三支箭行動會增加我們的痛苦，明智的自我關懷則幫助我們減少痛苦。第三支箭行動阻礙我們的成長與學習，明智的自我關懷則會令人成長。

明智的自我關懷包括吃得健康、出門散步、與朋友相聚，甚至些許健康的自我放縱等簡單的活動。這些活動能讓你我得到安撫與支持的感受，提高我們的情緒韌性，進而增強面對困難的能力。對某些人而言，明智的自我關懷可能意味對家中雜物進行斷捨離，帶來冷靜與秩序之感。有的人則認為是擬定家庭預算，知道自己確實在控制財務狀況。它也可能是睡滿八小時，或是在午餐時間好好休息。它可能也包括確保每年去看兩次牙醫，或是生病時休息一天。它可能是建立每日冥想的習慣，或是不看電視改看書。這些活動不只能幫助自己，也能讓人更具精力得以去支持他人。

有個老和尚在雨季前去查看年輕和尚的情況，傳統上，這時節是要多花點時間在禪修，而不是四處遊蕩。他來到孤邸（kuti）、也就是禪修寮，見年輕的和尚正在禪坐，便悄悄坐下來等待。此時，他驚訝地發現年輕和尚就坐在屋頂漏水處的正下方。儘管雨水不斷滴落在頭上，年輕和尚卻毫不畏縮。禪坐結束時，老和尚問他，漏水都滴在頭上了，要靜坐怎麼不挑孤邸的乾處？「我在練習正念啊。」他答道。老和尚說，「正念不少，但智慧不多！」

練習正念不表示你得忍受不必要的痛苦。有的人可能誤以為我描述的自我疼惜四步驟過程代表他們得獨自面對艱困。人生總有傷痛，而你得去處理傷痛。他們認為自己就應該坐在漏水的屋頂下，坐到別處或去處理漏水是不對的。生活中的「滴水屋頂」可能是那些對你不尊重的同事或伴侶。現在，你能決定將它視為純粹的內在問題，每當他們無理對待你時，就憐憫你的痛苦。或者，你可以設法修補屋頂，讓對方知道他們造成的影響，要求他們以某種方式改變行為。自我疼惜絕不等於自我犧牲。

自我關懷不是你得獨自進行的事。它也可能包含向外求助。自我疼惜的四步驟雖能讓我們更能承受情緒負擔，但長期面對憂傷可不簡單。它會造成損傷。所以讓另一個人知道我們會感激他們的協助，這也可以是一項自我疼惜的行動。相信大家都熟悉我們有意請別人協助時那種痛苦的懷疑、焦慮以及脆弱感——「我會被回絕嗎？我有重要能到讓人來協助我嗎？」這正是實行四步驟的完美時機：承認你在受苦，放下自我懷疑的故事，面對不舒服，以及對害怕的那部分的自己施予愛和支持。自我疼惜能幫助我們得到力量，超越自我懷疑，讓我們的脆弱和需要他人協助的需求得以被看見。

實行明智的自我關懷意味著我們不把自己當成不停運轉、直到損壞為止的機器，而是需要養成與定期休息的珍貴生物。我們能為自己做的最仁慈、最簡單的事情，就是在工作之餘規律地休息。幾年前，我在《紐約時報》讀到記者兼作家東尼．史瓦茲（Tony Schwartz）所寫的一篇絕佳文章〈放輕鬆！你會更有生產力〉（Relax! You'll Be More Productive）。那正好是當時我在面對過度忙碌之際所需的解答。史瓦茲的文章是這麼開頭的：

> 想想看你平常的工作日。睡醒時覺得很疲憊嗎？還沒下床就在查看電子郵件？不吃早餐，或是匆忙間隨便就抓個沒特別營養的東西吃？鮮少離開座位去吃午餐？趕著開一場接一場的會議，中間沒有間隔？發覺電子郵件的開信速度幾乎趕不上寄來的量嗎？下班比你預期的更晚，晚上卻還覺得非得查看電子郵件不可？

除了早餐那部分之外——我一向都會吃早餐——那正是我生活的寫照。我羞於承認，但我早上第一件事就是查看電子郵件。半夜通常會有幾十封寄來，我養成一起床就開始將郵件分類的習慣。我會抓起 iPad，然後出門。白天我多多少少會繼續工作，要是運氣好，午休會有十到十五分鐘長，但我一向坐在辦公桌前吃東西，所以嚴格說來也不是真的在休息。我每天冥想，因此那至少算休息時間，否則忙碌之餘腦袋幾乎沒能喘口氣。有時我會碰上撞牆期，多讀寫一個字都沒辦法。我會癱在辦公椅上，直到腦袋恢復正常為止。不消說，這並非正念或慈悲的工作方式。

史瓦茲指出，學者納森．克萊特曼（Nathan Kleitman）早在一九五〇年代就發現腦的運作有一個九十分鐘的活動週期。我撞到的那堵「牆」就是我遠遠超出九十分鐘的週期，已經筋疲力竭，只是勉強撐著。讀過那篇文章之後，我特別意識到休息的必要。文中建議休息二十分鐘，那麼你就會看到你的「一天」是一連串的九十分鐘衝刺，接著二十分鐘休息。研究顯示，那些才華傲人的人很自然就會採行這種工作模式。比方說，有一項研究顯示，最優秀的小提琴家頂多練習三次九十分鐘，而且中間會休息。不過我也留意自己的疲倦程度，好在需要時就休息，而不是死守著時間規則。即使我感覺自己能整天不斷工作，也不允許自己過了九十分鐘都不休息一下。

休息時間我通常會起身走走，為自己泡一杯茶或咖啡，或是到戶外幾分鐘。走路時我有時會拍照，這有助我更留意周遭的世界。從那些自我疼惜的休息時間回來之後，電子郵件當然繼續增多，但我發現頭腦在休息過後更加清晰，生產力提高，反而更能迅速有效地處理郵件。花較少時間工作竟然能提高效率，這說來真是矛盾。我仍在發展善待自己的「休息的藝術」，但它確實是一項強大的工具，讓我得以保持正念與慈悲待己。而這不只幫助了我，也有利於我聯繫的每個人。

我們的思緒表面上經常波濤洶湧，不斷在思考，不斷受反應左右。當風拂過水面，我們便看不透深處。一旦實行自我疼惜四步驟，讓思緒的反應停下來，思緒的表面就會比較平靜，如同平靜無波的水，因而能夠看見底下的真相。腦部較明智部分的溝通管道會打開，我們往往會因此非常清楚該如何反應，因而能尊重自己與他人長遠的快樂與幸福。我們將發現自己能活得更睿智。

在談到過道德的生活、而不是好壞對錯時，佛陀用的是「善巧」或「不善巧」等詞彙。這些詞一直令我著迷。我相信佛陀選用如此字彙是非常謹慎的。善巧是什麼意思？善巧包括意欲做一件事，實際上也能完成。一個善巧的陶工就是有意做出美麗的花瓶，實際也能做到的工匠。另一方面，不善巧的陶工則同樣有意做出花瓶，最後卻可能捏出一坨奇形怪狀的陶土。

透過行動，我們都能形塑自己的人生。但我們想要形塑的是什麼樣的人生？或許我們有許多目標，但就像我說過的，你我最深的欲望是得到平靜，或過著有幸福感的生活。

那麼，一個以生活快樂、擁有幸福與平靜感為目標，又能成功做到的，便是善巧過生活的人。當我們希望幸福、平靜與喜悅能實現，卻反而製造出壓力與衝突，那麼就是過著不善巧的生活。再說一次，佛陀的道德根本無關好壞，而是關乎什麼能帶來幸福、平靜與喜悅。

安默斯特學院心理學教授凱薩琳・桑德森（Catherine A. Sanderson）指出，多數人認為，能讓他們最快樂的事情包括更富裕、住在氣候更好的地方、有小孩，或是結婚、孫子出生以及找到新工作等重大事件。然而這些事情要不就是習慣（如果你更富有，就會去想更多花錢的事）、時間短（完美婚禮的記憶很快就會消逝），要不就是實際上根本無法讓我們快樂（研究顯示，膝下無子的夫妻比有孩子的夫婦更快樂）。所以，究竟是什麼才能帶來長遠的快樂？

※心懷感激令人更快樂。在一項研究中，參與者寫一封感謝信給曾提供幫助的人，幾個月後仍明顯地更快樂。每天寫感謝日記的人遠比不寫的人快樂。我們能採行這個作法。通常大家會列出五件自己相當感激的事，但我的臨床心理師同事蕾絲莉・霍威爾（Lesley Howell）表示，列出十件事則會讓你更深入思考，那麼

你才會在陳腔濫調（例如「我很感激我的配偶」）之外，更加仔細檢視自己的生活（「我很感激我的配偶今天花時間聽我訴苦」）。表達感激是一件善巧的事。

※ 那些最快樂、最滿足的人生活中都有「性靈」這個因素。參與性靈或宗教傳統活動能為生活帶來意義與目的感，與相同信仰者與修行者社群產生連結，這些連結對情緒也有益。

※ 大自然令人更快樂。病人若是能從病房窗戶看見自然景致，會加速康復速度。有證據顯示，在都市環境中，就連出現一棵樹，也能提升城市居民的幸福感。花時間待在綠色空間中證實能改善工作記憶，減少焦慮與憂鬱。

※ 對他人仁慈與慈悲以待能讓人更快樂。擔任志工或捐款者會體驗到更強的幸福感。同樣地，這些活動賦予人生一種意義與目的感。我們可能認為把時間全花在自己身上會更快樂，但你我身為社會性的動物，天生就具有慈悲之心。如果不做幫助別人的事，那麼我們的幸福就不夠貨真價實。

※ 透過充足的睡眠與運動照顧自己的生理需求也與快樂息息相關。布萊根婦女醫院與麻省理工學院的聯合研究計畫「快照式研究」（SNAPSHOT study）顯示，有固定的睡眠模式能促進情緒健康。走路或騎單車上班的人要比開車或搭公車

的人快樂。英國一項規模達到萬人的研究發現，參與者不但走動時感覺比坐著或躺下時快樂，較常走動的人也認為長期的生活滿意度比較高。

※花錢在「體驗」上的人，例如旅行或音樂會，比購買汽車或豪宅等物品的人更快樂。

※避免與他人比較可促進幸福感。總是會有人比你有錢或是容貌比你好看，假期更高檔，或開的車比你的昂貴。沒有比較，我們會感受到富足感；有了比較，則會心生嫉妒。（順帶一提，這正是在社群媒體上花大量時間會令人不快樂的原因之一：我們難免會與那些將生活呈現得比實際美好的人做比較。）

※建立並維持親近關係，無論是跟朋友、家人或感情伴侶，是我們提升自己幸福與喜悅感最有效的方法之一。

※這些發現（大部分在佛教教義中都有對應的說法，教人如何過善巧的生活）有些或許顯得理所當然，但有些似乎又違反直覺，尤其我們若是長期與較深沉的智慧來源沒有接觸的話。所以，試試看這些建議。寫一份感激日誌。多接近大自然。回饋你的社群。出門走動。多花時間和朋友相處。留意這些活動對你的幸福程度產生什麼影響。

還有一件事我也認為有益我們的幸福，那就是放棄你必須達到某種或某些特殊條件才能快樂的想法。快樂此時此刻就在這裡，隨時都存在——只要你接受此刻出現的任何事物，欣賞當下。現在，放下所有阻撓你快樂的抗拒力量，讓自己平靜下來。快樂不是存在於外、等著被發掘的東西。快樂源於正念、接受，以及能以慈悲之心迎接最困難的體驗。

第九章

學會原諒自己

懊悔與羞愧是強烈心理痛苦最常見的兩個源頭。之所以要特別探討，除了常見且有害情緒之外，也是因為我們或許還需要採行自我疼惜四步驟以外的行動。

我們都曾經搞砸過什麼事情，我就有多次經驗。有一次我從蘇格蘭要返美，卻在雷克雅維克轉機時錯過了班機，就差那麼一點時間，因為我忘記蘇格蘭和冰島有一小時的時差。還有一次，我搞混岳父車上的自動排檔裝置，倒車撞破了他的車庫門。甚至更嚴重的，我曾多次口不擇言或因不客氣的行為傷害到別人。我還能繼續舉例，但相信你已經懂我的意思了。

道德懊悔是一種痛苦的認知，明白我們做了某件事，無論是刻意或無心，它不是違背了我們的道德價值，就是造成了別人的痛苦。懊悔雖然折磨人，卻非壞事。佛陀稱懊悔是「世間的保護者」，因為若無懊悔，能防止我們為惡的事情可就少了。不論懊悔多麼痛苦，我們都需要它來提醒自己的作為是否違背了道德價值。反社會者與常人的區別之一，就是他們感受不到懊悔，因此在傷害他人時幾乎毫無遲疑。可見懊悔是不可或缺的。但我們若是無法原諒自己，困在反覆懊悔的模式當中，那麼就有問題了。所以，自我疼惜的一個重要環節，就是學習在必要時原諒自己，將恩典與慈悲擴及我們自己。

我們為何會陷入懊悔？原因之一可能是不願意為自己的行為負責。也許我們知道自己做錯事，卻又故作鎮定，設法說服自己或他人我們沒事。因此，我們可能扭曲事實，否認自己做了不好的事，或是反指別人做錯，企圖規避指責。這些策略當然無效。我們內心的懊悔依然沒有得到解決，痛苦感一再出現，而推諉行徑又會產生新的衝突。

你越是自視為好人，就越不可能在他人指出你行為不良時去考慮他人的看法。你為了自保地位，會為自己辯護或提出反擊。我最近就見到這種例子。某位朋友對她的經理有意見，因為對方在做某項重要決策時沒有顧及我朋友的專業。更糟糕的是，這位經理拒絕說明決策背後的成因，只說：「這就是我的決定。」你應該能想像，我朋友覺得既挫折又受傷。當她就此挑戰主管時，卻只得到更多迴避與責難。諷刺的是，這位經理越是執著於自視為好人的欲望，行為反應就越是糟糕。

不自視為好人的替代方案絕非認為自己就是壞人。那樣更加無濟於事。替代方案是根本別把自己視為任何一種人：勿以任何方式界定自己。佛陀強調，任何執著於「我根本上是誰」的信念，都將造成自己受苦。我常見證到這一點。每當我們的自我定義受到挑戰，就會感覺特別想捍衛自己，因為我們相信自己的本質遭到了攻擊。

想像一下，有兩個人，一個推諉、逃避責任，轉而怪罪別人；另一人則說：「對不起，我搞砸了。我會記取教訓，將來做得更好。」你會比較欣賞哪一個？又比較信任哪一個？所以，莫去在意你「是」什麼，而是在意你「做」什麼。與其努力想當好人或被視為好人，不如設法去做對的事。以這種方式承擔責任會有不舒服之處，但若是實行自我疼惜四步驟，那麼就能在不舒服之際支持自己。以這種方式實行自我疼惜，能使我們更堅強，也更誠實。

隨著漸漸習慣實行自我疼惜的四步驟，我們也會開始理解，否認與轉移只會造成更多痛苦，對自己和他人皆然。否認與轉移都該放下，如此才能轉而面對懊悔的苦痛，進而接受它、給予它支持。一旦做到這一點，我們便會發現自己置身在一個情緒更明晰的境地，必須真實待己，也真誠待人。此時我們明白了需要承認錯誤，為自己的錯負責。這往往會讓我們誠摯地道歉，並在可能的地方做出補償。

我最常出現不良行為的情境，就是在跟孩子相處時。他們活在和我截然不同的心理世界——舉個例子，「最後期限」在他們的世界裡幾乎毫無意義可言。由於我負責接送大家準時前往各個目的地，這往往造成了我和孩子之間的摩擦。當我對他們不耐煩或生氣時，我學會在事後立刻特意去道歉。這樣的立即道歉很重要；受苦越久，事情就越難解決。孩子的心理幸福比我的自尊重要。道歉時，我會解釋我為何表現出不好的行為——譬如解釋說我壓力大——那麼他們才會瞭解我是個有內心世界、會犯錯的凡人。我常會告訴他們，我說話大小聲不是他們的錯——該為我的行為負責的人是我自己，而不是他們。我提醒他們，他們不應該因此受到嚴厲的對待。

這些道歉通常很快就能讓彼此的信任與和諧回復。事實上，道歉過後，我們常會覺得彼此更加親密。讓對方知道你是個辛苦的凡人、你的道德價值、你遵守那些價值的困難之處，以及你願意重新調整，做出對的事，就是在給他們機會同理你。在我們的例子裡，那通常會帶來擁抱、親密感以及互愛。有時，歷經破壞，修補過後的地方反而會是最強韌的。不過，我的孩子有時會指出光道歉還不夠。他們說的對，我努力改變自己的行為也很重要。所以，我也常會解釋說我正在設法變得更冷靜、保持正念及更慈悲，還有，改變行為並不容易，需要時間。

有時我們可能需要採行的另一個「下一步」是補償。比方說，你向人借了一樣東西卻弄丟了，適切的作法是替換新品或賠償主人——即使對方出於禮貌，堅持你不必這麼做。不過這種補償永遠取代不了道歉。我之前提過某位朋友的丈夫無法低頭向孩子道歉。他會跳過道歉，直接對孩子加倍地好，或是請他們吃東西。但這樣的作法往往效果不彰。重要的是，我們必須直接處理自己造成的傷痛，為此道歉，並展現自己正努力改變自己的行為，為自己的行為和後果負責。做出傷害的行為，接著讓受害者看到你和善、卻看似事不相干的姿態，很可能造成混淆，加劇對方的傷痛。

我們難以放下懊悔還有另一個原因，當它在意的不盡然是我們所做的事，而是更在意那些沒做的。也許一段感情沒能繼續，我們卻不斷想著前任可能就是「此生摯愛」。或者，我們沒能遵照某個指引，說不定那指引原本能讓我們找到夢寐以求的工作。猜測的本質就是永遠無法定案，或是獲得解答。你的心思會不斷反覆想著各種可能，始終無法前進。

當這樣的懊悔感浮現時，我們當然能認知自己正在受苦，放棄想像的故事，面對痛苦，然後給予它慈悲的關注——也就是我們熟悉的四步驟。但到頭來你大概會一再重蹈覆轍，因為這些痛苦的懊悔肯定會再回來糾纏你。那種你本來可以過著更好的生活，「倘若……」的故事殘留在你的潛意識中，四步驟雖然能處理這種虛構情節引起的痛苦，卻未必能有效減低它對情緒的誘惑。

對此，有幫助的作法是堅持你的決定。與其心心念念那些已錯失的機會，不如接受自己原本的作法。你做了抉擇，你選了一條路徑，放棄了另一條。你已利用當時可得的資源與訊息，盡力而為。木已成舟，那些俱成過往，已然結束。請理解自己當初之所以那麼做，自有其原因。可能是你彼時擁有的資訊不完整，或是某些欲望、恐懼、盲點影響了你的決定。從某個角度來看，由於那時的你是那個狀態，所以你唯一的選擇就是做出你所做的行為。當你困在這樣的懊悔中時，請用你會給親愛的好友的那種慈悲及理解，去對待過去的那個自己——那個受限、容易犯錯、過去版本的你。與其怪罪和譴責過去的自己，不如看看你是否能為他或她找到些許溫柔的關心。召喚先前的自己，說：「我原諒你。我瞭解你為何那麼做。沒關係，你得到原諒了。願你平靜。」這麼一來，就是將過去的自己當成另一個人對待，而你正是他或她明智且仁慈的性靈朋友。

練習：回想過去你懊悔的一件事，注意有什麼狀況出現。注意那些回憶裡有什麼影像，你聽見什麼話語。注意此時出現的所有感覺。注意你可能會有的所有心理反應，例如自我批評。現在，將過往的自己當成一個親密的朋友。幫助他明白，他那麼做是因為受到當時條件的影響，限制了他的選擇。向他解釋，我們都會犯錯。他做的事情已成過去，而你會從他的錯誤中學習，在將來表現得更好以作為補償。他已經獲得原諒了。

現在，要知道你體驗到的感覺只是身體的感知模式。要知道你的記憶只是出現在心智空間裡的想法——感官印象，或許還是零零碎碎的。這全都是一種建構。

現在，轉而注意此刻感官的真實感。放鬆眼睛，體會在身體及周遭環境中出現的所有感覺。盡量接受出現的一切，以關愛的眼光看待它們。請注意，你越是習慣這一刻，就會變得越平靜。

如果道歉或彌補恰當，那麼你就會知道需要做什麼。如果需要將你的慈悲擴及過去的「你」，那麼它就會自然而然發生。

最後，請明白，只要感覺困在痛苦的懊悔記憶裡，你隨時都能這麼做。

原諒就是放下認為過往比較美好的希望。逝者已矣，我們擁有的是現在。當我們全心珍惜當下，就不會為過去煩憂。我們雖能檢視過去的決定，希望當初做的是不同的選擇（因為我們寧可沒有造成痛苦），同時也能感激自己此生做過的所有決定，因為它們造就了這個奇蹟般的當下，也造就了現在的自己。

●

我在十二歲那一年的夏天，和家人到英格蘭度假。那地方有舊石器時代的洞穴，看得到壯觀的岩石陣。我獨自跑掉之後，慢慢跑上一段陡峭的階梯回去找我父母。我的手臂幾個星期前摔斷了，所以掛著吊帶。就在跑經過一名年輕女子的身邊時，我掛著吊帶的手肘朝側邊彈了出去，撞到她的臀部，衝擊力道之大，甚至聽得見聲音。我尷尬到了極點。因為深怕她以為我故意攻擊她，我跑得更快，卻追不過我的羞愧心。等我找到父母時，我覺得十分丟臉，根本不敢告訴他們發生什麼事。我將這份羞愧感藏在心中，然而它日後一再回來衝擊著我，延續多年。

許多人都有這類歷歷在目的羞愧記憶，年齡大概從中學到二十出頭。也許我們沒做錯什麼，讓我們羞愧的或許是一起意外（就像我的撞臀事件），或是與他人對我們做出的事情有關。然而這些事情的記憶卻能在事後幾十年仍讓我們畏縮不已。如果要實行與之相關的慈悲待己，可能需要採取特殊作法。在我記憶中，強度能與這些相提並論的只有在我面臨生死一線間之際。比方說，某回我行經格拉斯哥一棟公寓大樓時，正在前院清理瓦礫的工人將磚頭扔進路邊的垃圾箱，卻差點擊中我的頭。要是真打到，撞擊力道極可能令我喪命。那次與死神擦身而過的記憶在隨後幾個月不斷襲來，引發我內心的恐懼。這種相似性讓我想到，我們反覆感到羞愧的經驗往往包含著些許人際死亡的味道。我聽過的長期反覆羞愧的案例無不涉及一種情境，那就是當事人面臨嘲笑以及人際的排擠。

在人類的演化歷史中，遭到社群排擠就等同於死刑。因此我們的基因促使我們相信排擠就跟死亡一樣可怕。有時，我們對排擠的恐懼甚至更甚於死亡；寧可自盡也不願面對公開受辱的事情時有所聞。請大家列出自己最大的恐懼時，出現「公開演說」的機率往往還高過死亡。

引發羞愧的記憶似乎總是和遭人嘲笑、躲避，以及害怕自己在他人眼中不夠資格或沒價值脫不了關係。這種羞愧感與我們稍早討論的健康的道德懊悔非常不同。懊悔的焦點在於行為，是一種對自己做錯事的認知。另一方面，羞愧的焦點則是我們自己，包含認為自己就是個錯誤的認知。簡言之，懊悔等於是說：「我做了一件不好的事。」而羞愧則是在說：「我不好。」

過去，每當這樣的羞愧感突然冒出來時，我的第一直覺是設法擺脫它，彷彿我單靠意志力就能將它塞回無意識思緒裡。然而此舉不過是讓痛苦的回憶潛藏下去，準備日後伺機而出而已。學會實行自我疼惜之後，我發現四步驟自我疼惜過程能容許我接受自己的痛苦。我能包容它的存在，而非設法將之推開。我能以善意去理解痛苦。以這種方式創造出一個接受與仁慈的空間之後，我意識到自己有了面對羞愧感的新工具。

首先，我學會以慈悲看待過去的自己，但不是認同他。當你認同過去那個受辱、恐懼的你，情緒同理就會轉變為個人的痛苦。你會退回他的世界，經歷跟他相同的痛苦感覺。所以，你應該保持距離，將他視為另一個人，接著再踏進另一個角色，成為「過去的你」的明智且仁慈的性靈朋友，以溫柔擁抱他，以仁慈看待他，用關愛的態度對他說：「沒關係。我在這裡支持你，我關心你。我永遠支持你。我知道你很痛苦，但都會沒事的。我們沒有危險，我們很安全。」

我們談的這種羞愧感，是一種涉及他人的人際情緒。我們可能害怕來自朋友、家人或陌生人的羞辱、譴責與排擠。或者，這種羞愧感可能源於我們曾被他人霸凌或傷害。我們不但能對自己培養慈悲心，對別人也可以，如此一來就能將雙方的恐懼關係改變成同理與關懷。所謂的自我憎恨，其實往往不是在憎恨自己，而是恐懼別人，害怕他人會怎麼評斷、排拒我們。當我們說憎恨自己時，常常都是在想像別人討厭、輕視、排斥，或是不關心我們。這麼想，當然痛苦不堪。但請注意一下實際狀況：這是將想法放進別人的腦子裡，把話塞進他們的口中。我們假定了他們對我們有惡意，我們才有辦法這麼做。然而，實情通常並非如此。由此可見，如果我們能對他人培養慈愛之心，對自己的感覺也就會比較好些。如果我們對他人更為信任，而不是假設對方充滿仇恨，對自己也更能放鬆些，那麼便不會去想像他人的憎恨是針對我們，自然不會害怕遭到排擠。

然而，如果他人對我們展現出明顯的惡意，如下這個作法或許能有幫助：懷抱慈悲之心，看見他們正困在自己對痛苦的反應裡，導致他們因不善巧的行為而更加痛苦。如此一來，我們就比較不會將對方的行為視為是針對個人而來。同樣地，這也能減輕我們的羞愧感。

於是，我想起想克服自己的羞愧感卻失敗的十二歲的我。我擁抱他，給予他愛與支持。我向被他不小心撞到的女子解釋事發經過。我代他向她道歉，想像我們對那件意外一笑置之。於是，羞愧化為輕微的尷尬，繼而在原諒和建立起友善的人際連結之後也被忘卻了。

練習：以感覺能支持力量與信心的姿勢挺胸端坐。以關愛看著自己，敞開心，讓心溫柔一些。

如果需要對目前的你給予支持，就花一點時間以仁慈之心看待自己——尤其是對你正經歷痛苦或不舒服的部分。現在，回想一件往往會引發羞愧感的事情。

看著過去的自己，將他納入你關愛的眼神中。為他堅強。認知到他正在受苦，傳達你的愛與支持。想像對過去的自己給予支持的撫觸。或許能給他一個擁抱。

你可以對他說什麼，好幫助他冷靜，讓他知道有人愛他？

如果有其他人出現在這痛苦的記憶裡——或許是嘲笑或傷害你的人——也把他們召喚到心裡。

如果他們對於當初的羞辱依然大笑，那麼就對你自己表現仁慈，同時擴及到他們身上。或許他們的笑是因為尷尬，或只是順應群眾。我們偶爾也會這樣。盡量誠懇地說：「我原諒你們。」

或許他們的笑不懷好意，出於某種優越意識，即便如此，你也原諒他們。或許他們會這樣是出於自己的脆弱，以及對排擠和人際死亡的恐懼。「願他們安好。願我們同在仁慈中成長。願我們都能學會恩典與慈悲。」

「願我們和平共處。願我們和平共處。願我們和平共處。」

第十章
將慈悲擴及他人

波蘭出生的美國幽默作家及政治學家里奧．羅斯敦（Leo Rosten）說過：「人生的目的根本不是快樂，而是有用，令人尊敬。是發揮慈悲心，發揮影響力，做出一點改變。」有意義的人生就是要關心別人，這或許正是最疼惜自己的行為。

在一項特別有意思的研究中，兩名研究者發現了憂鬱症和使用個人代名詞之間的關聯性。他們分別是德州大學心理學教授詹姆斯．潘尼貝克（James Pennebaker），以及現任史丹佛大學醫學院精神病學與行為科學系副教授的香儂．魏爾特西．史德爾曼（Shannon Wiltsey Stirman）。他們一直想知道，自殺的詩人所使用的字彙裡，是否隱含著可預測他們命運的線索。這項研究會有助益，比方說，有利於辨識出有自殺風險的大學生。

為了檢視語言與自殺之間的關聯，這兩位學者將自殺與無自殺的詩人根據其年齡、時代、國籍、教育背景以及性別進行配對。接著，他們利用一個尋找語言模式的電腦程式來跑眾多詩人的作品，結果發現，自殺的詩人自我指涉的情形遠比無自殺的詩人明顯。從一開始，最後自殺的詩人在作品中使用第一人稱單數代名詞「我」和「我的」的機率，遠比非自殺死亡的詩人來得高。此外，自殺的詩人會隨時間益發頻繁自我指涉，直到去世為止。另一方面，無自殺的詩人則較常使用「我們」和「我們的」這種象徵某種連結感的第一人稱複數代名詞，而且隨著年紀漸長，使用的頻率也越高。

你我部分的制約告訴我們，如果想要快樂，就需要專注在「第一名」上。但那些與他人失去連結、退回自己世界的人會經歷更大的痛苦，直到已然無法承受的地步。就像哈利．尼爾森（Harry Nilsson）的歌中唱的：「一是最寂寞的數字。」自我中心有害情緒，與他人建立連結則提供了一種重要的情緒緩衝。當我們小題大作時，他人能幫助我們保持理性及客觀，進而也更能面對人生起伏。當我們厭惡自己時，他人也能提供慰藉，提醒我們仍有人關愛。

人類是社會性的動物，我們顯然會因為得到他人的接受與關心而獲益。較不明顯的是當我們在對他人展現出這些行為時，自己也會因此獲益。佛陀說：「照顧自己，就是照顧他人；照顧他人，也是在照顧自己。」這句話意味一個人的正念既對自己有利，也會有利他人。耐心、仁慈與慈悲等特質既有利他人，對我們自己也有好處。耐心、仁慈與慈悲，這些並非是為了有利他人而得讓自己受苦的犧牲，而是關愛的連結表現，我們也會從中獲益。

北卡羅萊納大學的一項研究發現，實行慈愛不僅讓人更快樂，也會改善健康、減緩疾病症狀，還有十分重要的，提升人生意義。其他研究也指出，當人生有了意義與目的，我們往往會更健康、更長壽。人生擁有目的也會減少年老時出現自然認知功能衰退的機率，甚至有助於預防阿茲海默症。事實上，生活有目的的好處還能與運動的益處相提並論。

心懷仁慈與慈悲，會令整個社會經驗產生正向的改變。實行慈愛與慈悲冥想時，會強化你我與他人的社會連結與正面感受，讓我們與他人對彼此的感覺更加自在。當你表現得比較友善，就更容易親近，因而也更具人際吸引力。當我們和善待人，他人也就更有動機同樣對我們和善以待。這一切都會讓人覺得在情緒上更獲支持及關照。這都是第一章談到的正面「向上螺旋」的一環。

但是，不論別人的反應是否令我們獲益，慈悲都會讓我們感覺良好。換句話說，慈悲帶來的獎勵有些是本質上固有的。艾默里大學神經科學家詹姆斯．瑞靈（James

Rilling）與格雷戈里・柏恩斯（Gregory Berns）探究當受試者有機會幫助他人時，腦部會有什麼變化。人的腦中有些部位會在回應獎勵時啟動，兩位研究者發現，慈悲之舉也會導致那些部位產生活動。我們因助人而獲得的愉悅，跟欲望得到滿足時是一樣的。加州大學柏克萊分校心理學教授達契爾・克特納（Dacher Keltner）指出，與慈悲之舉密切相關的行為，像是溫暖的微笑、友善的手勢，以及靠向對方以表認同，都會促使身體釋放出催產素。當你在談戀愛或是婦女哺乳時體驗到的親密與喜悅感，就是催產素這種賀爾蒙帶來的感覺。

為別人發展慈悲心對自己也有幫助，因為它讓我們看到自己在受苦時並不孤單。我們在探討如何發展自我疼惜時，檢視過我們的存在狀況——你我都是深深渴望快樂與幸福、但經常受苦的存在。當我們更理解自己是有感覺的存在，理解生而為人並不容易，就會懂得這些都是普遍的現象。我們明白別人的感受也是真實的，就跟我們的一樣。我們明白那些苦痛對他人而言也是強烈的，一如我們的也是如此。我們明白他人同樣在掙扎，也在一場艱困的戰役當中。這提醒了你我，我們的痛苦絕不象徵我們有缺陷，那些痛苦不過是代表我們是人。慈悲幫助我們能以正確的眼光看待自己的痛苦。

慈悲冥想

慈悲是仁慈（即 metta）的自然延伸。當我們仁慈時，自然會顧及別人的福祉。我們關心他們，希望他們快樂。但，要是他們正在受苦呢？若是如此，那我們會希望他們免於痛苦和煩惱，獲得平靜，體驗到平和與喜悅。慈悲正是仁慈碰上痛苦時會出現的心意。慈悲就是積極想解除痛苦的意圖。

慈悲心有利於這世界、也有利於我們自己，顯然值得培養。但我們該如何在生活中導入更多慈悲？培養慈悲的冥想（悲心觀 karuna bhavana）非常近似培養仁慈的冥想（慈心觀 metta bhavana）。這種冥想有各種實行方法，但這個早期的構想鼓勵我們培養慈悲，是為了：

一，我們自己
二，受苦的人
三，陌生人
四，和我們相處有困難的某個人

五，世上所有生命。

既然當仁慈遇上痛苦，慈悲就會浮現，那麼我們只需與仁慈連結，然後記住你我和他人都會受苦。你也許會顧慮慈悲冥想可能會是一種令人沮喪的經驗，但它其實能令人感到滿足，甚至喜悅。因為它有助我們實現內心深處對與他人建立有意義的連結的需求。

收聽這種冥想

如果你想在練習這種冥想時獲指導，可以在手機或電腦上輸入以下連結：

http://thisdifficultthing.com/meditation7

一，**同理你自己，祝你自己安好**

首先，以莊重與仁慈的坐姿坐著：放輕鬆，但也將身體挺直、敞開。接著，注意身體的感受，認知它是個溫暖有活力的動物。感受心跳和你呼吸的律動。

注意所有出現的感覺。你若是正經歷任何苦惱或不舒服，請容許他們的存在，和善地接受。

回想自己對於離苦得樂最深切的渴望，看是否能找到方法與那些渴望的現實產生連結。或許你可以回想那些痛苦和快樂的時光。如果感覺心痛，就對心施予仁慈。認知到自己正體驗著痛苦，而人生並不容易，支持自己，複誦：「願我擺脫痛苦。願我平靜。願我慈悲對己，慈悲待人。」如果願意的話，也可以採用「願你」這樣的第二人稱。繼續復誦，不妨每呼氣兩次說一句。

二，為受苦的某個人培養慈悲

現在，請在心中召喚一個正經歷著重大痛苦的人。或許他生病了、壓力龐大，正為金錢而憂鬱或焦慮，或是婚姻出了狀況。如果你不習慣這種冥想，就不要召喚你無法深思其痛苦的人。無論召喚了誰，請記住，他和你一樣也希望平靜，卻正在受苦。注意所有你對這種意識的感受反應，如果不舒服，也接受它，以仁慈的眼光凝視它。接著，對這個人給予幾分鐘的支持與鼓舞，說：「願你擺脫痛苦。願你平靜。願你慈悲待己待人。」

三，為陌生人培養慈悲

現在，在內心召喚一個與你沒有連結、你對他也沒有強烈感覺的人。傳統上這叫「中立人」，但你可以將之想成「相對陌生的人」。你跟這個人不熟、甚至根本不認識，但你知道你們都有某個根本的共同點；他和你欲望深處都想追求人生幸福，而且同樣都會經歷痛苦。以這種方式同理，提供支持，複誦說：「願你擺脫痛苦。願你平靜。願你慈悲待己待人。」

四，為與你相處有困難的某個人培養慈悲

在心中召喚一個你相處困難或與你常有衝突的人。你對此人可能心懷怒氣、憎恨或畏懼，但這不損及這個事實：他跟你和所有人都一樣不想受苦，痛苦卻經常找上他。你可以對他有意見，反之亦然，然而你們倆的遭遇都一樣，那就是都活在這個生而為人並不容易的世界。所以，就像你對別人一樣，你也能給他支持：「願你擺脫痛苦。願你平靜。願你慈悲待己待人。」

五，讓慈悲滲入你的意識

在這冥想的最後階段，請讓自己的整個意識空間充滿同理與慈悲，那麼無論是在內心或周遭世界，你對任何人都會認知到這一點：這是一個有感覺的存在，一如我們所有人；這是一個想離苦得樂、卻受痛苦左右的存在，就跟每個人一樣。如果我們意識到周遭世界的其他人，即使是間接，譬如聽見他們車輛的聲音，也都祝福他們安好：「願我們擺脫痛苦。願我們平靜。願我們慈悲待己待人。」

我們的心思能喚起實際上並不在眼前的人、甚至動物的影像。召喚他們走進這個同理與慈悲的心裡，祝福他們擺脫痛苦，收穫慈悲。如此練習幾分鐘後，你能緩緩起身，帶著所有已然生成的正念與慈悲特質，進行後續活動。

●

這種形式的反思練習，能訓練我們的「慈悲肌肉」，也就是腦部與體內的同理及慈悲迴路，讓人在日常中更能以同理和慈悲心對待他人，而這會改變我們的處世經驗。就像我們可對自己實行明智的自我關懷——幫助我們更能妥善處理痛苦、考量長遠快樂與幸福的行動——我們也能對他人展現明智與慈悲的關懷。這樣的慈悲之舉包含捐款慈善團體、擔任志工，或是給予實際協助。但有時更需要的不過是出現。我們能不帶批判地傾聽，對遭遇困難的某個人給予同理與仁慈。如此一來，就能讓對方感覺被聽見，感覺受到關懷。一旦受到慈悲的鼓勵，談起自己遭遇到的挑戰，人往往就會覺得比較舒坦。一個人受苦時若是感覺孤立無援，痛苦感會增強。向一個能夠同理傾聽的對象訴說痛苦，有助於身在痛苦當中的人瞭解自己並不孤單，而且表達出自己遭遇的困境更能讓自己看清處境，如此才會更有得以自助的力量。

練習：就像記住「有感覺的存在」這句話能幫助我們在日常中保有仁慈之心，「受苦的存在」也有助我們心懷慈悲。只要讓這句話隨時皆能在心中浮現即可。如果這樣對你無效，還需更多提醒，或許還可在便利貼上寫下「受苦的存在」，貼在你常看得見的地方。用任何話語、影像或物品提醒自己要同理與慈悲，當然都可以。

迷走神經連結

根本上，慈悲對待自己與對待他人是無法分割的。想為自己發展慈悲心，就必須對自己的身體以及體內浮現的感覺更有意識。這會讓我們在面對他人包含痛苦在內的感受時，變得更注意自己內在出現的感覺。當我們對自己的感覺更有意識，同時也就更能覺察他人的感覺。

以神經學的角度來說，這種對他人痛苦的體會，是迷走神經作用的結果。迷走神經是一種腦神經，也就是說它未經脊髓，而是直接從腦進入身體。它是交感與副交感神經系統重要的一環，分支幾乎進入各個主要器官。它從腦傳送資訊到身體，也從身體傳輸訊號到腦部，腦藉此得知身體在生理及情緒上的狀況，對傳達愛與慈悲的感覺尤其重要。當你戀愛、因仰慕而振奮，或因他人的苦難而動容時，在你心臟周圍體驗到的感受，都是由迷走神經負責傳達的。

迷走神經在休息時的活動強度稱為「迷走神經張力」，近似「肌肉張力」，也就是肌肉休息時的活動。高迷走神經張力是情緒健康良好的象徵。北卡羅萊納大學教堂山分校心理學家芭芭拉・佛列德里克森（Barbara Fredrickson）發現，慈愛冥想能在僅僅七週內就讓迷走神經的張力大幅提高。著有《生而向善》（Born to Be Good）的至善科學中心（Greater Good Science Center）共同主任達契爾・克特納博士指出，迷走神經張力較高的幼兒在看見另一個小孩遭到霸凌時，更可能挺身而出制止，也比較願意合作及幫助同儕。克特納指出，高迷走神經張力是人類都具有同理意識的原因——即便我們背景各異。

本書鼓勵你嘗試的正念練習（注意身體的感覺及其他感知——尤其是心臟周圍、太陽穴以及腹部），都是在幫助你理解迷走神經的活動。包含仁慈與慈悲的同理練習都是在促進更強的迷走神經活動，也就是更高的迷走神經張力，如此一來，你就能更慈悲地去回應自己和他人。

避免愚慈悲

慈悲不全然代表對人好。事實上，「好」——我指的是尋求別人的認同——是所謂「愚慈悲」（idiot compassion）的一個例子。這個詞借自喬治・伊凡諾維奇・葛吉夫（George Ivanovich Gurdjieff），這位二十世紀初期至中期相當迷人又挑釁的性靈導師。

愚慈悲根本不是慈悲，它非但不會解除痛苦，反而會造成痛苦。它對他人無益，因為它會讓他們很好過，但他們實際上需要的是受到挑戰。愚慈悲對我們也不好，因為當我們是慈悲的蠢蛋時，會是出於恐懼而行為，使得自己反而成了讓人踩踏的門口踏墊。

愚慈悲缺乏勇氣。它的目的是希望被人喜歡，當中隱含了一種害怕做出什麼會使得自己不受歡迎的恐懼。這種情況在某些親子互動中不難見到。父母想當孩子最好的朋友，於是縱容孩子予取予求，紀律不嚴謹，甚或毫無紀律可言。然而當孩子的「知心好友」並非父母的職責，父母親的職責是協助孩子長成負責任的成人，也就是要做那些恐怕不會讓自己受孩子歡迎（至少短期間）的事情，例如設定界線。

愚慈悲缺乏智慧。若是有人欺騙你，但你卻決定無條件信任他，這對雙方都不會有幫助。欺騙你的人不太可能突然就良心發現，他們隨口說會改變行為的承諾很可能只是另一種欺騙。如果放過他們，你也就成了對方不良行為的幫凶，促使他們未來將經歷更多痛苦。愚慈悲是互相依存的標記。

真正的慈悲不會去避免引發短期的不舒服——如果那能防止長期傷害的話。在一段佛陀在與無畏王子（Abhaya）的對話中就探討了這一點。無畏的王父對佛陀相當友善，然而無畏追隨的是與佛陀敵對的導師，這個導師派他設法誘騙佛陀，問一個「雙叉問題」，也就是我們平常說的陷阱題。無畏王子問：「佛陀為何會說令他人不快的話？」這問題當中的圈套就是，佛陀若是承認了自己會說出明知會讓人不快的話，那祂就跟一般無知的人無異，事後留下傷害與衝突。另一方面，要是祂說祂不會說出讓別人不快的話，那祂就是個偽君子，因為祂的話其實已造成他人不悅。「當你問喬達摩沙門[1]這個雙叉問題時，」這位導師告訴無畏王子，「他吞不下去，也吐不出來。」

佛陀利用敵對導師的這個吞吐比喻，轉守為攻，避開了陷阱。他在和無畏談話時，王子腿上躺著一個小男嬰。佛祖問無畏，如果這嬰兒喉嚨裡卡了一樣尖銳的東西，他會怎麼做。無畏答說，他會用手指把那東西勾出來，即使會傷到孩子。他說，這麼做是出於慈悲。佛祖說，同樣地，有些情況祂確實會對人說出明知會引起聽者痛苦的話。但前提是祂說的是實話、出發點是幫忙，而且會在適當的時機。換言之，刺耳的訊息會以同理以及慈悲的方式傳達。

我們不該預期隨時都能說出令人不快的實話，但這種情況總會發生。比方說，我們也許希望某人能信守承諾，或是在認為他不誠實時點明，或讓他明白他做了一件帶來痛苦的事。如果要這麼做，最好的方式或許是先與我們自己建立一個同理的連結。提醒自己，我們要溝通的那個對象跟你我一樣都是有感覺的存在，那麼在面對他時，也就比較可能謹慎與尊重，即便我們會說出他們可能不想聽的話。或許可以發展出一點禱詞，像是：「我們都是不願受苦、有感覺的存在。願我的溝通方式能為雙方帶來長遠快樂與幸福。」

慈悲的「不」

有時，我們說話令人不快的情境，是對方請我們去做一件事，但我們拒絕了。或許我們有意答應，以避免對方心生怨懟或是對我們不滿，然而保護自己的時間、精力與幸福的界線，是自我疼惜的重要環節。我有一名學生就分享了當她忽略了這項原則時，情況變得多糟糕：

我有一段友誼在最近畫下句點，因為我沒辦法對某個人反覆求助的要求說「不」。諷刺的是，是我希望對方能喜歡我的欲望造成了反效果。我想我幫了他太多，導致

1 同時代的人稱呼佛陀為喬達摩（Gotama）。

他認為這就是我的角色，我就是他的僕人。因為常人通常不會尊重僕人，這個人於是開始對我越來越不尊重，根本沒再把我當成朋友，現在似乎也不喜歡我了。從因果的角度來看，他對我不再尊重，是因為我不再尊重我自己。

愚慈悲和不助人都可視為是我們對自己的一種暴力。每當我們因為害怕他人心生不悅，而有作為或不作為，就等於是在大聲宣告：「我沒有界線。我不重要。」如果你這樣間接地向他人宣告，對方可能會趁機占便宜地利用你。無法堅守自己的界線是與自我疼惜背道而馳的，因此我們有時需要慈悲地說「不」。

維護自我界線的第一步，是在回應對方的要求時保持正念。我是想取悅別人嗎？要是拒絕，我會擔心對方怎麼看待我嗎？我是否擔心傷及對方的感情？對方要我做這件事，我的自尊會因此提升嗎？我是否害怕錯失機會？在思考這類問題時，勿當成是在自我批評，而是當成一種更瞭解自己的方式。如果更能保持正念，那就有機會在行動之前暫停。我們在暫停期間能去思考，出於恐懼的行動是多麼不智；想想出於真正的慈悲才採取行動，以及同時考量他人的需求和自己的適當界線，對他人、對自己會有什麼長遠的益處。

此外，我們可以自問：為什麼別人對我的認可這麼重要？我們經常想得到他人的認可，是因為我們不認可自己。多年前，在某個非營利組織擔任志工時，我發現自己在尋求認可，卻往往得不到。當工作沒獲得欣賞時，我變得很失望，有時甚至憤恨不已。於是我採用了一句話：「我就是自己的認可來源。」。這句話意在提醒我自己，要在那工作和其他領域欣賞自己——不只欣賞我在做的事，還有我這個人。即使只用一小段時間欣賞我的善巧特質、做事投注的心力，或慶祝達成的目標（「耶！我今天寫了兩千字！」），在在都改變了我的自我觀感。我更確信自己的價值感，那表示得自他人的欣賞都是額外的外在獎勵，而非我對自己感覺良好所需仰賴的東西。若是別人不認可我，也就沒那麼重要了。

「我很重要」，這句話讓我懂得尊重自己的界線。提醒自我價值的好處並非只有學會在必要時懂得拒絕而已，它也能在他人屢屢將你視為沒有感受，或認為你的需求與欲望並不重要時協助你。當我遭遇到這樣的狀況，「我很重要」這句話便提醒了我自己的感受很重要，也有助我恢復信心與自我價值感。

拒絕當然會導致別人對你失望，但有時對方看到你的界線，反而會受到啟發。自我疼惜的行動展現的是勇氣，而見證別人的勇氣則會令人在情緒層面上獲得提升。慈悲地拒絕，維持健康的界線，這是英勇的行為，我們可藉此證明自己的關心以及我們很重要。為別人舉出這樣的例證就是送給他一件禮物。然而對方對我們會如何看待，終究取決於他們自己。我們的快樂並非取決於討每個人喜歡。

當你考慮慈悲地拒絕時，會覺得恐懼也是意料中事。那該如何處理這種恐懼感？我們可以向我們的老朋友求助，也就是四步驟自我疼惜過程。我們認知到自己在受苦。放下自己想像的故事（「我要是不答應，對方會討厭我。」）。抱持正念，關注身體出現的痛苦感覺。再來，對自己受苦的那部分賦予仁慈、慈悲和支持。在這個神聖停頓當中會生成智慧及勇氣，進而得以提出溫和、甚至啟迪人心的拒絕。

當然，我談的不是以刺耳或高傲的方式說不。儘管改變他人的感受並非我們的責任，但還是可以圓滑體貼一點，畢竟我們知道對方在被拒絕時可能體會到的痛苦。因此，在拒絕某人求助的邀請時，可以感謝對方提供這個機會。我們能告訴他們自己感到榮幸，等情況不同時，也很願意他們再提出要求。我們能表達感謝之意，謝謝他們對我們有信心。或者能說自己很掙扎，或是實在很希望自己能幫忙。以適當的精神傳達，就算一個「不」聽起來也能像致謝，感覺像感激。

在拒絕要求時，你可能要做一下「不道歉」的實驗。拒絕本身並沒有不對，你沒有義務去幫助另一個人。那是恩惠。行有餘力時幫忙固然不錯——希望你我都常有如此餘裕——但我們未必隨時有那樣的時間或精力。如果是這種情況，說你無法幫忙並沒有錯，完全無需道歉，還能避免為拒絕而過度解釋原因。你提出越多細節，聽起來就可能越不真誠。你可以直接說你負擔過重或類似的話。

所以，問問自己：「我害怕誠實，是因為擔心自己最終可能不被喜歡嗎？我太輕易讓人脫身嗎？我是想避免衝突，所以才稱之為慈悲嗎？我會造成自己心生怨懟嗎？」這些情況若是有任何一項為真，那就鼓起勇氣說出心聲吧。如果你在拒絕時感到不舒服，請注意，這種不舒服是一種痛苦，請好好對它慈悲以待。

慈悲沒有地位高下之分

另一個會偽裝成慈悲的是憐憫。憐憫他人，等於是自視地位比受助者優越，但我們往往渾然不覺。西藏上師索甲仁波切（Sogyal Rinpoche）指出，憐憫是一種優越感：「慈悲遠比憐憫偉大及高尚。憐憫根植於恐懼，然後發展成一種自負、傲慢感，有時甚至是『還好不是我』的沾沾自喜感。」

朋友、家人、同事或陌生人告訴你如何過生活或解決問題，這件事你或許不陌生。但通常沒有幫助，對吧？這樣的意見往往過度簡化，沒有考量到你生活的現實。提供意見會讓說者自我感覺良好，因為告訴別人該怎麼做，會令他們覺得開心，然而這對聽者卻鮮少能有幫助。事實上，它反而常讓情況惡化，因為人往往不喜歡自己的選擇自由受限。即使他人的意見很好，我們也極有可能會為了保有自主感而不予採納。一九六〇年代，美國心理學家傑克·布瑞姆（Jack Brehm）早就將這種現象稱為「抗拒理論」（reactance theory）。

以前我在監獄教授冥想時，團體中有一名收容人喜歡說「不要對自己說應該如何」（Don't should on yourself.，如果不懂這個笑話，可以大聲唸出來看看）[2]。提供意見往往意味對另一個人說，如果他都恢復正常、像你一樣，那麼他「應該」怎樣——是在告訴他你認為他應該怎麼做。真正的同理心不是出於我們自認完美、而別人過得很辛苦，而是體認到我們和對方都在努力掙扎著：我們此生都處在黑暗中，探求一種快樂、幸福與意義感。真正的同理心源於明瞭你我每個人都在做著「生而為人」這件苦差事。真正的同理心承認每個人都喜歡自主權獲得尊重，只要傾聽與提問就能幫助別人釐清他們該如何繼續前進，我們無須將自尊強加在他們身上。你可以提供意見，但請先確認那是對方想要的。

真切慈悲的人根本不會去想什麼「慈悲待人」。慈悲不是我們「做」的一件事，而是純粹發自對他人的正念意識。在對無畏王子解釋哪些情況適合說出不討喜的話之後，佛陀又繼續談到祂溝通的自發特質。祂說，祂不是在重複自己演練過的東西，而是打從心裡自然而然地說話。一個開悟的人會自他／她置身的永恆神聖停頓中生成慈悲的溝通方式。所以，要小心別帶著自我意識「設法慈悲待人」。越是認為自己在慈悲，最後就越可能成為一個慈悲愚者、憐憫者，或「滿嘴應該如何的人」。與其企圖慈悲待人，不如真心接受自己和別人的脆弱，讓你的關懷與關心能以自然不牽強的方式流動。我們不「做」慈悲；是慈悲「適合」我們。

2 譯註：這句英文聽起來像是 Don't shit on yourself.（不要拉屎在自己身上）。

第十一章

無我的自我疼惜

自我疼惜可以是一條覺醒之路。根據佛教的說法，那條路上有兩種不同的作法。第一種有時稱為奢摩他（samatha），意即「冷靜」或「寂止」。奢摩他一詞包含旨在為我們的習性帶來正面改變的所有作為。奢摩他能使我們成為更好的人——更仁慈、更有耐心、更溫和、更能保持正念。這些改變有助我們更快樂，反應不再那麼激烈，較不會與人產生衝突，自處也更輕鬆自在。但是當一個「更好的人」只有助自己保持平靜，如此而已，因為我們在想像自己與世界的方式上犯了根本的錯誤，而那些錯誤又產生出緊張與衝突。所以，我們需要第二種作法——內觀（vipassana），它包含大幅改變我們看待自己與世界的方式。你可以說奢摩他會改變我們的為人，內觀則改變我們看自己的方式。雖然後來的佛教傳統通常是將寂止與內觀視為不同階段，有先後順序（先奢摩他，再內觀），但在早期佛教教義中這兩者是彼此交織、互相支持的：寂止幫助我們發展內觀，內觀則會帶來寂止的經驗。

我在本書中採行兩種作法。譬如，培養正念與慈悲心主要是在訓練心思以更和諧的方式運作。我們訓練自己擁有一套不同的習慣，帶領我們與自己及世界能更和平共處。這都與奢摩他、也就是寂止有關。我們同時也在改變觀點。比方說，我們放棄受苦就象徵失敗的看法。我們已從認為自己本質上是在獨自受苦，轉變為已認知到所有存在無不受苦。我們接受了關心自己與別人的福祉根本上並無不同的觀點。任何有助我們能以更真實的觀點去看待事物的作法，都是一種內觀。

內觀的重點在於看透、並放棄錯誤的觀點，學會瞭解事情的真貌。傳統上有三個類型特別根本的錯誤觀點，涉及無常與永久，痛苦與快樂，以及自我的特質（或說，自我的身分與本質）等三方面，而這正是注定受苦的人生的「三相」[1]。為了追求真正的平靜，需要看透這些錯誤觀點，也就是認知扭曲（cognitive distortion）。本章將探討這三種扭曲的觀點如何造成我們受苦，而我們又該如何訓練自己從與現實更一致的角度去看事情。

瞭解一切都是一個改變過程

無法意識、甚或無法察覺到改變，是人人皆有的認知扭曲。心理學家對此已有多年研究。在我最喜歡的其中一個實例中，某項心理研究的自願受測者必須到一所大學的某間辦公室報到，到了現場才會得到進一步指示。在報到處，櫃臺後方的接待者會迅速蹲下再站起來，將資料袋交給受測者。到此為止都很正常。參與者絕大多數都沒有注意到的隨後起身的人與先前跟他們交談的並非同一個人。櫃臺後躲了一個同夥，在第一個人蹲下後，第二個人才站起來。這兩人可能身高不同、臉部特徵不同，穿著也不一樣，卻沒有多少人注意到兩人調換過。我們的心智不擅長去注意改變，即使在你認為改變很明顯時。心理學家稱此為「改變視盲」（change blindness）。

心理學家另一個證明改變視盲的方法，是利用動態照片，讓兩張幾乎完全相同的圖像輪流出現，中間僅短暫一閃。其中一張照片上有物品移動了，或顏色改變，換了位置。我們看著輪流出現的圖像，雖知有差異，也積極想找出差異，但看了很久卻看不出來。

1 南傳上部座佛教認為，一切存在的共同特徵，就是無常，苦，非我，合稱為三相（ti-lakkhaṇa）。

最後一旦看出來，答案似乎極為明顯——或許是大樓的高度改變，或一輛車出現又消失，一個畫面一個畫面有所不同——我們會想：之前我怎麼會看不出來？

我們往往也會將人（包括自己）視為比實際的更固定不變。「鏡子裡看著我的這個老人是誰？」我們納悶。見到冒出皺紋與白髮，不知怎麼地，我們就認為這是個人的失敗，應該譴責與怪罪自己。你知道自己和別人變老是再明顯不過的，畢竟生活中天天都看得到相關證據，但是我們卻難以接受這簡單而普遍的存在事實。

一旦確實承認並接受「改變」的現實，你會發現自己比較平靜。比方說，我們可學著將老化視為中立的現象——不過是一件會發生的「事情」。我們甚至會看到老化的優點；那些皺紋與白髮伴著我們日漸成熟、不斷學習，拓展智慧。那麼，學會欣賞與接受無常，就能成為自我疼惜的行動，讓我們不再批評自己。

我們也無法明白別人不能長久，不承認我們與他們相處的時間是短暫的。這導致我們低估他們，太過強調彼此之間可能存在的任何困難。承認別人的無常能幫助我們對他們更有耐心，更能原諒他們。如下的練習或許有助於你直接體驗這一點。

練習：想一個往往會和你發生衝突的人，甚至可以是跟你親近的人。也許他有某個習慣常惹你生氣或傷害你的感情。盡力將這個人以及他惹你不悅的事情視覺化。注意你身體出現什麼感覺，盡可能以保持正念的方式觀察它們。

現在，一方面想像這個人是個嬰兒，也許還不到一歲，可以坐起來但不會走路，還在牙牙學語但不會說話。另一方面，將他看成一個遲暮老人，可能年近百歲，身體孱弱，來日無多。現在你有這個人的三個形象：嬰兒期的他、現在的他，以及老邁的他。記住這些，然後心裡再想想他為你帶來困擾的那件事，看看這次你有什麼感覺。

我請人做這項練習時，他們最常表示自己感到的不是慈悲，就是難過。難過，往往表示意識到了惡意與挫折不過是在浪費人在這世上的短暫時間。如此脈絡下，這些事情也就不重要了。當我們體驗到慈悲，從整個人生脈絡中去看，那些令人惱怒的習性也就不再重要了。遠比它更重要的是人際衝突中的痛苦。我們的心會在看見自己與他人的痛苦中受到感動，進而想解除這些苦痛。

在我觀察孩子經歷挑戰與痛苦的改變之際，這種看事情的方式也跟著演變。他們在兩、三歲時常鬧脾氣，完全符合那個年齡該有的特色。在那些怒氣瘋狂爆發的時刻，我不只以那個年紀看待他們，也將他們視為可愛的嬰兒，同時想像他們是成熟、有自信、發展完整的成人。這麼一來，我就知道他們暴烈的行為不過是難免的過渡階段，便覺得沒必要有所反應。以這種方式看待孩子，我體認到身為人父，就是要在他們邁向成年的過程中擔任一個慈悲的存在。時至今日，我越是能將這一點牢記在心，就越能輕鬆及和善地與他們相處。

認知到無常也有助我們和伴侶創造更多和諧。肯特州立大學的艾力克．米勒（Eric D. Miller）請參與研究的情侶想像對方死亡，發現他們因而變得更能欣賞與原諒彼此。事實上，受測情侶對彼此關係滿意度提高的程度，就跟想像共同擁有正面經驗時一樣。雖然想像對方死亡聽起來不是愛侶之間稱得上有趣的活動，但此舉其實能讓人對自己的人生更為滿足。如果能認知我們此生相聚時間不過短暫，就有助你我放下瑣碎小事，轉而專注於更有意義的事情，也就是更能以仁慈及慈悲待人待己。佛陀說：「彼人不了悟：『我等將毀滅』。若彼等如此，則諍論自息。」就是在說明這一點。這同樣能應用於你我自己的內在爭論。比方說，我們可能認為，努力追求「完美」，在無法達到根本不切實際的期望時自責很重要。可是，當你記得此生短暫，追求完美或許就顯得毫不重要了，對自己更仁慈才是首要任務。當你的人生來到盡頭，你會比較高興曾對自己仁慈以待，還是每份報告都準時交出，家中永遠一塵不染？

早期佛教教義提出「人應時常反思的五項事實」，那就是人生必有老、病、死，必與摯愛別離，以及，我們是自己行動的擁有者。這些反思不只是在幫助我們接受無常，也是邀請我們為自己的人生負責。這些基本上是在說：「人生苦短，善加利用。」聽到這句話，有些人會以為意思是：「人生苦短，及時行樂。」然而，如果認為自己的時間有限，權衡「行樂」與「活得有意義」，最後應該會給予後者較優先的地位。

想想你周遭的那些人，那些你親近的人，那些與你因為血緣或感情而有連結的人，以及那些幾乎不像會有感覺的存在，還有那些你不喜歡、甚至無法忍受待在旁邊的那些人。他們都會死，你也是。人有旦夕禍福。今天有可能就是你最後一次見到他們。那麼，你的行為也許就該像是與他們見最後一面。萬一你明天就撒手人寰，什麼是你希望他們記得你的遺言？你希望他們對與你最後一次碰面有何感受？看著那些人，就如同你再也見不到他們。讓你的批評以及總是注意負面事物的傾向消失，承認自己周遭的人無不努力想離苦得樂。也對自己這麼做。你很重要，你的快樂很重要。讓你自己去愛。

練習：看看能否在日常裡謹記一句話，藉此提醒自己人生的短暫。它可以是：「人生苦短，仁慈一點」，或是「生死有命」，或是「人生在世不長久，願它充滿意義」。你也可以記住菲利普．拉金的詩〈割草機〉（The Mower）中的這幾句：「仁慈吧，趁我們還有時間」。或是在每次見到某人或跟某人交談時，回想「無常的存在」。你也能創造一樣東西，作為無常的小小提醒——memento mori（拉丁語，意為「勿忘你終有一死」。）——也許是一條繫在手腕上的線、手上一個不起眼的墨水點，或是手機的螢幕鎖定畫面，藉此提醒自己生命稍縱即逝的本質。找一個方法提醒自己，我們不會長久待在人世。我們認定自己以後會有時間去愛，但這件事並無保證。提醒自己現在就去愛。

我們的感覺來來去去，同樣也是無常。詩人里爾克說：「沒有什麼感覺是一成不變的。」懂得感覺的無常，有助我們不再將當下的感覺看得那麼重。我在離婚與治療癌症後在處理排山倒海而來的財務問題時，發覺這一招很有用。當越積越多的帳單使得我壓力龐大時，我就想：我以前也碰過這種情況，而它過去了。其實我以前也曾負債，儘管財務狀況從來沒有這麼吃緊過，但彼時的焦慮卻一樣嚴重。我反省，先前的債務如今在哪裡？那些導致我吃足苦頭的焦慮感在哪裡？兩者都不見了，都已消失在過往的陰影裡。當我提醒自己焦慮感的無常時，我發現我已能不再那麼嚴肅地看待。我們的焦慮和焦慮的成因都是暫時的現象。若是能提醒自己「感覺是無常的」這項事實，就能讓自己開始擺脫執迷的擔憂。

在另一個時間尺度上，感覺也是無常的。不僅現在出現的感覺會在幾分鐘或幾小時後停止，現實中，你在初讀這句子那一刻浮現的任何感覺，也已然消失。感覺只存在於當下。這聽起來或許有違直覺，畢竟你應該有某些感覺似乎已停留許久。但這種相對長久的感覺僅是表象，並非真實。如我們所見，感覺是一種從內在生成的感知模式——數十萬神經末稍發射、停歇、發射、停歇所產生的閃爍集合，以極其驚人的速度一閃一閃。我們的感覺時時刻刻都在以不同的形式終止又重生。那裡沒有什麼是靜態的。不過，腦會用固定的標籤去標示這個不斷變化的過程，例如「憂鬱」、「絕望」或「焦慮」。它以這種方式粗暴地為我們的經驗貼上標籤，卻無法檢視到底發生了什麼事。改變就在我們面前發生，而我們卻視而不見。

冥想讓我們握有一項工具，得以仔細去觀察感覺，看看它們的真實面貌。我最初是學到以此運用冥想去處理一般的身體疼痛感——膝蓋酸痛、背部僵硬等，長時間靜坐冥想都會產生這種疼痛。起初我們會希望疼痛感消失，因而去抗拒，但那只會讓情況變得更嚴重。於是，我們學習轉而去注意那些不舒服，更仔細檢視那些感覺。我學會「注解」，也就是對疼痛感受的特定面向給予暫時的心理標籤。換句話說，我必須去看在「痛苦」這個過度簡化的標籤之外的那些地方，才能瞭解真貌。對於出現在特定時刻最明顯的感知，我將之命名為脈動、壓力、熱、冷、刺痛、疼痛、悸動等等，以作為注解。

一旦這麼做，我們面對痛苦的方式便會有所改變。我們最初以為自己是逐漸轉向去面對一個單一、靜態的「東西」，但隨後才明白，自己的痛苦根本不是一個現象，而是許多相互交織的感知線，那些感知本身並非靜態，而是此刻出現、下一刻卻又消失。在這個不斷變化的細節裡，要抗拒的東西比較少。事實上，有時我們會注意到某些時刻、或者更久，痛苦並沒有出現。我們體驗到的感知可能顯得中性，甚或愉悅。我們可能開始感受到自己的痛苦有種半透明的特質。它不再顯得那麼具體，而是宛如太空中的能量點，每一個都忽隱忽現，閃閃發亮。我們的痛苦可以變得很美。

在探索過一般身體痛苦的無常之後，就能開始以同樣的方法來面對感覺。我們發現它們也是半透明、非實體的。就像我們看著一幅點彩派畫作上的紫色區域，卻發現近看時根本沒有紫色的存在，只有紅點與藍點，我們也能以此深入觀察受傷的感覺，發現那裡並沒有傷，或是看著焦慮，發現根本找不到焦慮。這就是佛教傳統所謂的「空性」——這並不是說經驗不存在或無意義，而是當我們仔細觀察，會發現它們實非最初呈現的樣貌——它們並無原初看似具有的特質。我們從檢視痛苦的感覺開始，以發現平靜、喜悅與自由結束。

明白平靜如何生成

人的另一項認知扭曲，是誤解了痛苦與快樂的起因。我們在第八章看到，我們往往不擅長預期什麼會使自己快樂。雖然我們假設快樂的關鍵是中了樂透、加薪或職位升遷，但這些帶來的不過是短暫的幸福感。

我們或許認定覓得幸福的訣竅，是在於為自己安排一連串不間斷的愉快經驗，因此絕對得設法阻止不愉快的經驗出現。但這是不可能辦到的。人生的每個面向都經由錯綜複雜的各種狀況與宇宙相連結，因此，此生若想完全愉悅，你可得擁有如神般的控制力去掌控宇宙才行。隨著自己周遭與內在的條件改變，我們的愉悅經驗難免會告終，厭惡的事情也必然會發生。我們自己的心思會背叛我們：痛苦想法時不時就冒出來。我們發現自己渴望著永遠不可能擁有的東西。我們發現一度喜歡過的事物如今竟會惹得自己發怒或覺得無聊。諸如此類。宇宙若是沒給我們不滿的對象，我們還會自己生出一個來。事實上，佛教教義說，由於所有經驗皆是無常、不穩且易變，因此永遠無法給人長久的滿足感。或者，換一個說法，它們全都是令人不滿的，也就是「苦」（dukkha）。

那麼，我們該如何尋得平靜？矛盾的是，當我們不再抗拒痛苦也不再汲汲追求愉悅，並以優雅、接受以及慈悲去面對，就能擁有最大的平靜與喜悅。當我們以正念、仁慈與慈悲去觀察所有感受，允許所有愉快與不愉快的感覺生成及消散，平靜便能油然而生。

我們的自我與想像中不同

影響幸福的第三個、也是最深刻的認知扭曲是，我們相信自己的本質有某種根本核心：一個「自我」。人的內在有某樣東西界定了我們是誰，你我對這個觀念可能認為再自然不過，因此從未質疑。我們不會細思那究竟是什麼，但我想大多數人都認定它會吸收資訊、做決定，以及採取行動。這個「自我」儼然一副內在執行長、甚或內在之神之姿，有意識、單一（只有一個本質上的「你」），而且長期穩定。怎麼可能不是呢？

佛教打從一開始就否認這種東西的存在、甚至能存在，因為構成你我的一切都不斷在變化。現代神經科學也認同這個觀點，因為腦中根本無一物能支持這種自我。如果你想一想，你顯然不是一直相信那樣的自我。在你還是個嬰兒時，你根本沒有自我的概念。你根本不知道你有名字、是男是女，或有某種個性。你不會認為自己是好是壞、聰明或愚笨、成功或不成功。你就是你。你是日後才發展出自我意識。隨著日漸成長，你會接受他人對你的意見與評價，也形成自己的一些看法。你開始界定自己。（當然了，我們每個人都會這樣，這並非個人的失敗。）這個「建立我」的過程，結果就是你開始想像自己內在有一樣東西界定了你是誰——某種根本的「你」。我們每個人都創造了一個意識，認為我們有一個本質。

這為何是個問題？首先，你認定自己擁有的是哪一種自我？許多人都認為人生艱難，滿是痛苦、失望與挫敗，於是便相信自己的根本自我必是殘缺不足，甚或不討人喜。或者，即便不相信這一點，至少有時也擔心情況就是如此。這個想像的「自我」背負著我們一直放不下的懷疑，甚至有點希望別人永遠不會知道。第二，我們往往相信、或至少擔心「自我」是固定不變的。這增加了我們的痛苦感，因為我們此時無法擺脫殘缺、不完美的自我，因而注定受苦。第三，我們相信的「自我」創造出了一種分隔與自負感。在這裡的是「我」，有我的喜好、欲望及厭惡的事物。在最極端的狀況中，我們表現得彷彿自己的觀點絕對比這世上所有個體的看法更重要。這些自我中心的態度引發了我們與他人的衝突，甚至威脅到這世上所有生命的存續。人認為自己擁有的這個「自我」正是痛苦的來源之一。學會放棄認為自己有某種固定不變、而且與眾不同的根本特質，這個觀念，才是福氣。

雖然許多人會告訴你佛陀有一項教義是「無我」，但其實並非如此。祂甚至說，無我的想法對性靈並無助益。我們可能抱持的任何無我觀點，其實都是痛苦的來源。佛陀並未闡揚無我，他的目的是希望幫助我們放棄以任何方式界定自己。祂拒絕任何自我的可能定義。因此，早期的佛教教義不只鼓勵人放棄依不善巧的特徵或痛苦經驗去界定自己，也鼓勵人放棄所有以任何事物來辨識自己的想法。

大約十年前，我接受一個 podcast 節目訪問，結果時間安排成了一起不幸事件。我太太和女兒在前一晚病得很嚴重，我因此只睡了四個小時，在訪問中當然表現不佳。原本我大可要求訪問延期，但我不想因為臨陣退縮而顯得古怪，因此決定照計畫進行。在這情況下我還是盡力而為，只可惜成果不如人意。我在說話當下也知道自己的回答毫無條理，有時甚至油嘴滑舌。但直到一、兩個小時後，我在走進市區時才想到那段訪問有多糟糕。更糟糕的是，我發覺那段表達不清的膚淺談話會形成數萬人對我的第一印象。一股強大的尷尬與羞愧感頓時迸發。

所幸當時我正在撰寫一本有關某種冥想的書，它是以有系統的方式看待構成我們本質的所有事物的無常。在觀察你我平常用以界定自己的事物的短暫性時，我們會思考：「這不是我；這不是我的，這不是我的本質。」以這種方式冥想，我們會開始放棄各種造成自我感的鑑別因素——甚至包括我們的身體和意識。在羞愧與恥辱感如浪般襲來後不久，冥想時的那句話躍入我的腦海。我體會到，這股羞愧不是我，也不是我的。我不是我的羞愧。我不是我的表現。我不是我的無能。那段訪問不能界定我。那次的笨拙表現只是短暫出現在我生活中的一個無常現象，是一組特殊條件造成的。什麼都不必放在心上。我繼續走進市區，平靜看待自己，心中充滿深深的喜悅與自由感。

先前在第六章，我們看到當佛陀談到兩支箭時，祂說我們對痛苦的感受就「如同與其融合」。某種程度上，這意指當你我心無正念，我們和感受之間就毫無空間，於是看待自己就像沉浸其中。另一方面，當我們對某個感覺抱持正念，便會在自己和它之間創造出空間。此時我們感覺它是一個我們正在觀察的物體。因此這是一種分隔。但在更深的層次上，祂的意思是我們假定了痛苦和其他經驗正是自己本質的一部分。比方說，我們感覺到羞愧或傷心，就相信那即是我們，那是我們的，那界定了我們。

放棄自己對痛苦的認同，或許是自我疼惜方法中最深刻的一項。在秉持正念觀察痛苦時，我們可以對自己說類似這樣的話：「這個感覺不是我。它不是我的。它不能界定我。它是無常的。它只是經過而已。」你甚至現在就能這麼做。回想一段喚起痛苦的記憶，然後，以你這時已逐漸習慣的方式，秉持正念去觀察它。現在，提醒自己，這個痛苦的感覺並非你的本質。認知到自己回想起這段回憶之前，這個情緒上的不舒服並不存在。注意它消失的過程。如果可以，在感覺過去時觀察它，認清它其實不是具體的東西，而是隨時在改變、宛如閃爍的知覺繁星，忽明忽滅。

我們在本書中學習的方法，除了幫助我們擺脫自我成見之外，也希望能讓我們在某個時間點不再相信自己想像出來的「核心自我」。我採用「非我」（unselfing）一詞來含括「逐漸降低自我中心」以及「看透自我的幻想」這兩個過程。事實上，這兩者皆屬於一個連續方法，這也就是為何奢摩他支持內觀，而內觀也支持奢摩他。

每當我們以厭惡去回應痛苦，皆會牽涉到某種「自我」的概念。當我們在憤怒、恐懼或挫折中推開一個體驗，某種程度上就是把它從「我們」身邊推開。這強化了「我」的意識。「我」不喜歡這樣，「我」不要那樣。每當我們試圖抓住一個愉快的經驗或追求愉悅，好藉此逃避痛苦，就是再度強化有一樣東西叫「我」的這種意識。「我」喜歡這樣，「我」要那樣。痛苦引發反應，而反應又引發進一步的痛苦，如此的循環鞏固了將你我與他人區隔開來的自我，會使得生活更悲慘。「建立自我」的過程，就是佛經所稱的「我執」（ahamkara）——我稍早提到的「建立我」過程。我們纏在自己為自己造出的那個結當中，除了認為自己本質上有問題之外，還可能越來越相信自己有一個帶有嚴重瑕疵、甚至殘缺的「自我」。

諷刺的是，實行自我疼惜之際，我們反而不再那麼執迷於自己的「自我」。自我疼惜會減少我們「建立我」的量，有助於鬆開纏綁我們的結。當我們為自己受苦的那部分施予愛，減少對自己痛苦的反應，那些結就鬆脫了。我們開始變得沒有束縛，自我意識會變得較放鬆、更寬闊，衝突減少，也少受折磨，我們也開始逐漸忘了「自我」。我們看待自己更像是一個「社群」，而不是「我」。隨著反應行為緊繃的結鬆開、消失，我們會發現自己也能以更開放的態度去看這世界。我們更能擺脫痛苦，看見有人需要協助。你我內在的「我們」的福祉與需求，也會被視為與別人的需求密不可分——「我們」全是有感覺的存在。痛苦不是「我們的」，這項事實不再重要，因為就連「我們的」痛苦也都不是我們的；我們沒有與它融合，也不認同它。

自我疼惜的成敗其實取決於「我們沒有單一自我」的事實。我們有些部分陷在造成痛苦的錯誤觀念裡，有些部分則比較明智，能指引我們遠離痛苦。我們有些部分正在受苦，有些部分則能對此痛苦的自己給予支持與鼓舞。在實行正念與慈悲之際，我們開始不將自己視為單一自我，而更像是一種社群，當中有許多單獨的部分正試圖釐清如何彼此、以及與這世界和睦相處。事實上，我們若是沒有這種共通的特質，便無法給予自己慈悲，畢竟單一的東西要如何與自己產生連結？

一旦我們不再將任何東西認同為自我，會失去什麼，又留下什麼？從某個角度來看，什麼都沒有失去，除了一個沉重的幻想——一個侷限且誤導的、關於我們本質的觀念。留下的則是一切——我們所有的回憶、痛苦與喜悅，善巧與不善巧的特質，我們的錯覺與智慧。但在這一切的周圍有一個更大的自由意識——無限、無窮、開放、無法定義，而且與一切連結的意識。最重要的是，我們獲得一個與自己更和平相處的意識。我們擺脫了自我的負擔，不再設法約束或界定自己。相反地，我們開始瞥見自己就宛如一個謎，一個難以理解與不可知的意識能量漩渦，在一個難以理解的世界中顯現與互動。我們驚奇地看自己，也同樣地看別人，大家都是迷人、美麗，具神祕本質的存在。我們認知到我們永遠無法真正深層地認識任何存在，甚至對自己亦然。每個存在都是一個謎，飄忽不定又充滿可能性。我們的慈悲便是謎與謎的對話。

我們比較不會將事情歸結到個人身上。如此一來，剩下的工作就比較簡單了。憤怒、渴望以及其他不善巧的特質比較不會緊抓手中，它們會更快過去。善巧的特質也更容易出現。自信流露而出，能量迸發，喜悅出現，慈悲流動如水。這些特質都不是我們的。慈悲不是我們的，我們並沒有擁有它。事實上，沒有人擁有它。它就是出現，向外流動，每當遭遇痛苦時給予回應，不受自我與他人、「我」和「我的」的概念所束縛。它就是出現，讓生而為人的這件苦差事稍微沒那麼苦。

html。同樣出自 Majjhima Nikaya (MN 2) 的 Sabbasava Sutta 明確指出「我們沒有自我」的觀點在性靈上無益，就像灌叢、荒野與腳鐐，造成我們痛苦。https://www.accesstoinsight.org/tipitaka/mn/mn.002.bpit.html

250「**自我的定義**」：當佛陀談到「無我」時，幾乎都是特別用它來表示「這樣東西不是我的自我」。譬如，你的外型、感覺、認知、衝動以及意識（五蘊）都不是你的本質。參見 Pañcavaggi Sutta of the Samyutta Nikaya (SN 22.59) https://www.accesstoinsight.org/tipitaka/sn/sn22/sn22.059.than.html

250「**放棄以任何方式界定自己**」：指出我們不應該界定並限制我們自己的兩個教義是 Tanha Sutta (AN 4.199) https://www.accesstoinsight.org/tipitaka/an/an04/an04.199.than.html，以及 Bhikkhu Sutta (SN 22.36) https://www.accesstoinsight.org/tipitaka/sn/sn22/sn22.036.than.html

251「**正在寫一本關於某種冥想的書**」：當時我正在寫的書是以系統性的方式來看構成我們本質的一切事物的無常，書名為 *Living As a River* (Boulder: Sounds True, 2010)。這本書探討的冥想可在 *The Six Elements* 這張 CD 找到，由 Wildmind 在二〇一四年出版。

Personality and Social Psychology。

233「**慈悲遠比憐憫偉大及高尚**」：Sogyal Rinpoche, *Tibetan Book of Living and Dying* (New York: HarperCollins, 1994), 204.

第十一章：無我的自我疼惜

242「**請參與研究的情侶想像**」：關於米勒對失去親友如何增進感情的研究，請見“Imagining Partner Loss and Mortality Salience: Consequences for Romantic-Relationship Satisfaction”，發表於二〇〇三年三月的*Social Behavior and Personality* 期刊。

242「**彼人不了悟：『我等將毀滅』**」：*The Dhammapada: The Buddha's Path of Wisdom,* trans. by Acharya Buddharakkhita (Sri Lanka: Buddhist Publication Society, 2007), verse 6.

243「**人應常反思的五項事實**」：出現在Upajjhatthana Sutta of the Anguttara Nikaya (AN 5.57)。這些事實的第五項是「我是我行動的主人，我行動的繼承人，因我的行動而存在，透過我的行動而發生關係，以我的行動作為我的仲裁人。無論我做什麼，是善是惡，我都將繼承。」鑑於前面四個對生命脆弱的省思，我對這一項的詮釋是，它要提醒我們應該為自己行動負責。這個論述可在Access to Insight網站上找到：https://www.accesstoinsight.org/tipitaka/an/an05/an05.057.than.html以及Sutta Central網站：https://suttacentral.net/an5.57/en/sujato

245「**沒有什麼感覺是一成不變的**」：Rainer Maria Rilke, *Rilke's Book of Hours*, trans. by Anita Barrows (New York: Riverhead, 2005).

250「**其實並非如此**」：雖然許多佛教相關書籍都用整個章節探討所謂的「無我教義」，但我在佛教教義中並未見到這樣的內容。沒有自我的觀點不會導致痛苦的這個想法出現在Alagaddupama Sutta of the Majjhima Nikaya (MN 22) https://www.accesstoinsight.org/tipitaka/mn/mn.022.than.

through Loving-Kindness Meditation, Build Consequential Personal Resources"，發表於二〇〇八年十一月的 *Journal of Personality and Social Psychology*。https://dx.doi.org/10.1037/a0013262

217「**也會減少年老時出現自然認知功能衰退的機率**」：關於擁有人生目標的好處，請見"Effect of Purpose in Life on the Relation Between Alzheimer Disease Pathologic Changes on Cognitive Function in Advanced Age," by Patricia A. Boyle and others，發表於二〇一二年五月的 *Archives of General Psychiatry* 期刊。亦請見"Purpose in Life as a Predictor of Mortality Across Adulthood," by Patrick L. Hill and Nicholas A. Turiano，發表於二〇〇八年五月的 *Psychological Science* 期刊。https://doi.org/10.1177/0956797614531799

217「**艾默里大學神經科學家**」：瑞靈與柏恩斯等人指出慈悲帶來喜悅的文章名為"A Neural Basis for Social Cooperation"，發表於二〇〇二年七月的 *Neuron* 期刊。https://doi.org/10.1016/S0896-6273(02)00755-9

218「**釋出催產素**」：關於催產素在慈悲中扮演的角色，請見 *The Compassionate Instinct*, edited by Dacher Keltner, Jason Marsh, and Jeremy Adam Smith (New York: Norton, 2010), 11.

225「**高迷走神經張力**」：芭芭拉 · 佛列德里克森對慈愛與迷走神經張力的研究，請見 Barbara Fredrickson and Bethany Kok, "Upward Spirals of the Heart: Autonomic Flexibility, as Indexed by Vagal Tone, Reciprocally and Prospectively Predicts Positive Emotions and Social Connectedness"，發表於二〇一〇年十二月的 *Biological Psychology* 期刊。https://doi.org/10.1016/j.biopsycho.2010.09.005

226「**更可能挺身而出制止**」：關於達契爾 · 克特納與迷走神經張力，請見"Affective and Physiological Responses to the Suffering of Others: Compassion and Vagal Activity"，發表於二〇一五年四月的 *Journal of*

186「**臉書重度使用者**」：關於臉書成癮如何影響我們的決定，請見 “Excessive social media users demonstrate impaired decision making in the Iowa Gambling Task,” by Meshi, Elizarova, Bender, and Verdejo-Garcia，二〇一九年一月發表於 *Journal of Behavioral Addictions*。https://doi.org/10.1556/2006.7.2018.138。亦請見 Maria Konnikova 的文章 “How Facebook Makes Us Unhappy,” in *The New Yorker*, September 10, 2013. https://www.newyorker.com/tech/annals-of-technology/how-facebook-makes-us-unhappy

196「**讓他們最快樂的事情**」: Catherine A. Sanderson, The Positive Shift (Dallas: BenBella Books, 2019).

第十章：將慈悲擴及他人

215「**人生的目的根本不是快樂**」：里奧 · 羅斯敦以不同形式重複提到這句話。這個特別的例子摘自他發表在一九六五年九月 *The Rotarian* 雜誌的文章 “The Myths by Which We Live”。感謝 Garson O'Toole 的 Quote Investigator 網站發現了這個來源，關於這句話的文章請見：https://quoteinvestigator.com/2014/11/29/purpose/

215「**憂鬱症和使用個人代名詞之間的關聯性**」：史德爾曼與潘尼貝克探討詩和語言的論文，請見 “Word Use in the Poetry of Suicidal and Nonsuicidal Poets”，發表在二〇〇一年七至八月版的 *Psychosomatic Medicine* 期刊。https://www.ncbi.nlm.nih.gov/pubmed/11485104

216「**照顧自己，就是照顧他人**」：摘自 Sedaka Sutta of the Samyutta Nikaya。線上翻譯：https://suttacentral. net/sn47.19/en/sujato

217「**實行慈愛不只讓人更快樂**」：這裡指的北卡羅萊納大學研究是 Barbara L. Fredrickson 等人的 “Open Hearts Build Lives: Positive Emotions, Induced

172「**身體語言對個人自己生理與心理的影響**」：艾美 · 柯蒂在精彩的TED talk影片 "Your Body Language May Shape Who You Are" 中討論她的研究。目前有人在辯論她的研究是否完整，但不少研究都支持開闊與挺直的姿勢能促進正面情緒的基本原則。影片請見 https://www.ted.com/talks/amy_cuddy_your_body_language_shapes_who_you_are

172「**感覺就像站在流沙上面**」：Marianne LaFrance, *Why Smile?: The Science Behind Facial Expressions* (New York: Norton, 2011), 77.

172「**我們知道在談戀愛時**」：Jan Chozen Bays, *How to Train a Wild Elephant* (Boulder: Shambhala Publications, 2011), 68.

174「**一種臉部表情**」：想更瞭解兩種慈悲的臉部表情，請見 "Compassionate Faces: Evidence for Distinctive Facial Expressions Associated with Specific Prosocial Motivations," authored by Falconer, Lobmaier, Christoforou, Kamboj, King, and Gilbert，二〇一九年一月發表於PLOS ONE。https://journals.plos.org/plosone/article?id=10.1371/journal.pone.0210283

第八章：第三支箭與明智的自我關懷

183「**實驗結果就是我清楚感受到明顯的不同**」：Sharon Salzberg, *Lovingkindness: The Revolutionary Art of Happiness* (Boulder: Shambhala Publications, 1995), 225.

184「**每一天，世界會抓著你的手**」：Iain Thomas, *I Wrote This for You and Only You* (Kansas City: Andrews McMeel, 2018), 114.

185「**睡眠中傳訊息**」：Elizabeth B. Dowdell與Brianne Q. Clayton的論文 "Interrupted sleep: College students sleeping with technology"，二〇一八年三月發表於*Journal of American College Health*。https://doi.org/10.1080/07448481.2018.1499655

研究與Joshua A. Grant及Jérôme Courtemanche共同執筆，名為“A Non-Elaborative Mental Stance and Decoupling of Executive and Pain-Related Cortices Predicts Low Pain Sensitivity in Zen Meditators”，二〇一〇年十一月發表於*Pain*期刊。

第七章：支持自己的無助之處

157「**所有令人害怕的事物**」: Rainer Maria Rilke, *Letters to a Young Poet*, trans. by M.D. Herter Norton (New York: Norton, 1993).

168「**像『我討人喜歡』的這種自我肯定**」: 瓊安 · 伍德對自我肯定缺點的研究請見“Positive Self-Statements: Power for Some, Peril for Others”一文，二〇〇九年七月發表於*Psychological Science*期刊。https://journals.sagepub.com/doi/10.1111/j.1467-9280.2009.02370.x

168「**當焦慮者被要求降低負面情緒時**」: 傑森 · 墨瑟關於相反效果的論文名為“Neural Markers of Positive Reappraisal and their Associations with Trait Reappraisal and Worry”，二〇一四年二月發表於*Journal of Abnormal Psychology*。http://psycnet.apa.org/doiLanding?doi=10.1037%2Fa0035817

170「**透過觸摸，我們自然就能夠給予與接受慈悲**」: Matthew Hertenstein, Dacher Keltner, Betsy App, Brittany Bulleit, and Ariane Jaskolka的慈悲觸摸研究請見“Touch Communicates Distinct Emotions”，二〇〇六年八月發表於*Emotion*期刊。https://doi.org/10.1037/1528-3542.6.3.528

170「**就連想像的觸摸**」: 關於想像的觸摸的優點，請見Brittany K. Jakubiak and Brooke C. Feeney,“Keep in Touch: The Effects of Imagined Touch Support on Stress and Exploration”，二〇一六年七月發表於*Journal of Experimental Social Psychology*。

(Minneapolis: Graywolf Press, 1998).

80 「**我們必須暫停——一段神聖的停頓**」: John Greenleaf Adams, *The Christian Victor*, published in 1858.

81 「**數千名參與者**」: 麥特 · 奇林沃斯談論他的研究 "Want to Be Happier? Stay in the Moment" 可在 TED.com 網站觀賞：https://www.ted.com/talks/matt_killingsworth_want_to_be_happier_stay_in_the_moment

86 「**奇特而魔幻**」: John O'Donohue, *Anam Cara: A Book of Celtic Wisdom* (New York: HarperCollins, 1998).

第五章：生而為人的難處

111「**慈悲是設身處地想像別人處境的能力**」: John O'Donohue, interviewed by Mary Nurrie Stearns, "The Presence of Compassion: An Interview with John O'Donohue." https://www.personaltransformation.com/john_odonohue.html.

112「**對我不快與不順意之事**」: *The Connected Discourses of the Buddha*, trans. by Bhikkhu Bodhi (Boston: Wisdom Publications, 2000), 1799.

112「**一切懼刀杖，一切皆畏死**」: *The Dhammapada: The Buddha's Path of Wisdom*, trans. by Acharya Buddharakkhita (Sri Lanka: Buddhist Publication Society, 2007), verse 130.

第六章：安然面對不安

152「**引起痛苦感覺的化學物質**」: Jill Bolte Taylor, *My Stroke of Insight: A Brain Scientist's Personal Journey* (New York: Viking, 2008).

153「**啟動腦部的部位其實不一樣**」: 皮耶 · 雷恩維爾對冥想者疼痛感知的

Self-Control"，二〇一六年十月發表於 *Science Advances* 期刊。https://advances.sciencemag.org/content/2/10/e1600992

47 「**你是宇宙的一部分**」：Thich Nhat Hanh, *How to Love* (Berkeley: Parallax Press, 2015), 22.

48 「**人可能說**」：佛陀說的這句話來自 Piya Sutta of the Samyutta Nikaya (SN 3.4)，由 Bhikkhu Sujato 翻譯，可在 Sutta Central 網站找到：https://suttacentral.net/sn3.4/en/sujato

51 「**也許你懷疑寬容待己是否真能**」：這段丹尼斯．托爾奇說的話，來自他在二〇一八年一月六日的推特貼文：https://twitter.com/i/web/status/949809068352393216

第三章：自我疼惜的四個步驟

59 「**須知滴水落，亦可滿水瓶**」：這句話取自《法句經》第一百一十二節。《法句經》可找到許多翻譯版本，包括 Access to Insight 網站：https://www.accesstoinsight.org/tipitaka/kn/dhp/

59 「**令人難忘的意象**」：兩支箭的譬喻出現在 Sallatha Sutta of the Samyutta Nikaya (SN 36.6)。你可以在 Access to Insight 網站找到：https://www.accesstoinsight.org/tipitaka/sn/sn36/sn36.006.than.html。你也可以在 Sutta Central 網站找到不同的翻譯版本：https://suttacentral.net/sn36.6。你可能注意到佛陀其實沒有說我們用第二支箭射自己。這是根據關於非我的教義而來。

第四章：處於當下的奇蹟

79 「**當你轉身時**」：William Stafford, The Way It Is: New and Selected Poems

and Söderfeldt, "Brain Activation During Compassion Meditation: A Case Study"，二〇一〇年五月發表於 *Journal of Alternative and Complementary Medicine*。

30 「**比較不會焦慮**」：自我疼惜能在執行壓力龐大的任務期間降低焦慮，克麗絲汀．聶夫的論文"Self-Compassion and Adaptive Psychological Functioning"中有詳細探討，二〇〇七年二月發表於 *Journal of Research in Personality*。

30 「**更能讓人情緒平衡**」：請見 Mark R. Leary 等人的論文"Self-Compassion and Reactions to Unpleasant Self-Relevant Events: The Implications of Treating Oneself Kindly," in the *Journal of Personality and Social Psychology*，二〇〇七年五月發表。

第二章：自我疼惜會遭遇的阻礙

36 「**失敗的憐憫**」：出自 Arahant Upatissa 的《解脫道》。原本一九六一年出版、由 Dr. D. Roland D. Weerasuria 翻譯的版本已絕版，但線上版本可在 archive.org 上找到：https://archive.org/details/ArahantUpatossa-Vimuttimagga-PathOfFreedom.pdf

41 「**聖愛德華大學的心理學家們**」：關於聖愛德華大學對自我疼惜與拖延的研究，請見"Start Today or the Very Last Day? The Relationships Among Self-Compassion, Motivation, and Procrastination," by Jeannetta G. Williams, Shannon K. Stark, and Erica E. Foster，二〇〇八年十月發表於 *American Journal of Psychological Research*。pdf檔請見：https://www.mcneese.edu/f/c/dfc5f221/ajpr_10_08.pdf

42 「**磁場**」：關於蘇特切克的自制與同理心研究，請見他的論文"Brain Stimulation Reveals Crucial Role of Overcoming Self- Centeredness in

Loving-Kindness Meditators," in *Social Cognitive and Affective Neuroscience* in January 2013, "Regulation of the Neural Circuitry of Emotion by Compassion Meditation," in *PLOS ONE* in March 2008, and "Distinct Neural Activity Associated with Focused-attention Meditation and Loving-Kindness meditation," in *PLOS ONE* in August 2012. 這些論文的摘要可在以下網址找到：https://www.ncbi.nlm.nih.gov/pubmed/22814662 https://www.ncbi.nlm.nih.gov/pubmed/18365029 https://www.ncbi.nlm.nih.gov/pubmed/22905090

28 「**更富同理心**」：這出現在 Olga Klimecki 等人的論文 "Functional Neural Plasticity and Associated Changes in Positive Affect After Compassion Training"，二〇一三年七月發表於 *Cerebral Cortex* 期刊。https://www.ncbi.nlm.nih.gov/pubmed/22661409

28 「**更願意助人**」：Olga Klimecki 的另一篇論文 "Short-Term Compassion Training Increases Prosocial Behavior in a Newly Developed Prosocial Game"，二〇一一年三月發表於 *PLOS ONE*。

28 「**也更慈悲**」：來自 Inga Boellinghaus 與同事的一篇論文："The Role of Mindfulness and Loving-Kindness Meditation in Cultivating Self-Compassion and Other-focused Concern in Health Care Professionals"，二〇一二年十月發表於 *Mindfulness* 期刊。https://psycnet.apa.org/record/2014-11077-003

28 「**推測出他的心理健康狀態**」：請見克麗絲汀 · 聶夫的論文 "The Development and Validation of a scale to Measure Self-Compassion"，二〇一〇年九月發表於 *Self and Identity* 期刊。https://psycnet.apa.org/record/2003-05728-004。聶夫也著有 *Self-Compassion: The Proven Power of Being Kind to Yourself* (New York: William Morrow, 2011)。

30 「**高度活化**」：關於慈悲改變左前額葉皮質活性的能力，請見 Engström

第一章：正念自我疼惜的科學

19 「**更開始暴增**」：關於正念的學術論文成長趨勢圖表，請造訪美國正念研究學會（American Mindfulness Research Association）網站：https://goamra.org/resources/

20 「**最強而有力的證據**」：關於丹尼爾．高曼與理查．戴維森博士對「黃金標準」正念研究的探討，請見他們的著作 *Altered Traits: Science Reveals How Meditation Changes Your Mind, Brain, and Body* (New York: Penguin Random House, 2017)。

26 「**在二〇〇八年曾進行一項研究**」：芭芭拉．佛列德里克森等人的論文探討慈愛冥想如何增加正面情緒的範圍，請見 "Open Hearts Build Lives"，二〇〇八年十一月發表於 *Journal of Personality and Social Psychology*. https://www.ncbi.nlm.nih.gov/pubmed/18954193

27 「**二〇一三年**」：貝瑟妮．柯克等人的論文探討正面情緒、社會連結與健康相互支持的效果，名為 "How Positive Emotions Build Physical Health"，二〇一三年七月發表於 *Psychological Science* 期刊。https://www.ncbi.nlm.nih.gov/pubmed/23649562

27 「**二〇一一年進行的一項研究**」：麗塔．洛的論文研究名為 "An Analogue Study of Loving-Kindness Meditation as a Buffer against Social Stress"，可在這個網址找到 https://repository.arizona.edu/handle/10150/145398

28 「**發現練習慈愛冥想的女性**」：伊麗莎白．霍格顯示減緩細胞老化的研究是 "Loving-Kindness Meditation Practice Associated with Longer Telomeres in Women"。它二〇一三年八月發表於 *Brain, Behavior, and Immunity* 期刊。

28 「**諸多研究都顯示**」：梁、盧茲與李的研究分別為 "Increased Gray Matter Volume in the Right Angular and Posterior Parahippocampal Gyri in

4. 為你正在受苦的那部分提供支持

一種溝通形式。給予受苦那部分的你支持、鼓勵以及慈悲。你能用關愛的眼神看待它，將手輕輕放在感覺最強烈處，仁慈地與它們對話。

這個四步驟過程會在你內心創造出一個神聖的停頓——透過這個正念的間隔，智慧能浮現。遵循這個智慧的指引。它未必會立即出現：有時會有一個敦促的聲音說:「這麼做」，然後當你開始行動時，另一個聲音又說:「可是也不是那樣。試試這個方法……」我們經常邊做邊學。

註釋與延伸閱讀

前言：正念自我疼惜的力量

9 「**佛教教導人莫試圖逃離苦難**」: Thich Nhat Hanh, "Extended Interview Thich Nhat Hanh," interviewed by Bob Abernethy on PBS, September 19, 2003

16 「**足矣。這區區幾字足矣**」: David Whyte, *Where Many Rivers Meet* (Langley: Many Rivers Press, 1998)。

附錄

自我疼惜的四個步驟

以下是自我疼惜的四個步驟，作為提醒，方便你隨時參考。

1. 認知到你正在受苦

注意到你面臨痛苦，無論痛苦是來自第一支箭（不愉快的事情發生在你身上）還是第二支箭（你對不愉快的感覺做出反應）。這個痛苦是身體裡的一種感覺。

2. 放下那情境

每次有痛苦的經驗，我們都會以某種方式反應。那些反應不只引起進一步的痛苦（第二支箭），也會使我們的思緒陷入死胡同，身體無法快活。所以，放棄反應性的想法以及企圖透過追求愉悅去抗拒或逃避痛苦。

3. 轉而面對痛苦

讓你的注意力與身體連結。注意不愉快的感覺表現在身體上的實際感知。盡你所能抱持好奇心看待它。它出現在哪裡？質地如何？呈現出的究竟是哪種感知？如果產生抗拒，告訴自己體驗痛苦沒關係，並邀請自己接受它。提醒自己，感覺永遠沒有好壞之分，只有愉快與不愉快。

請用正念疼惜自己

四個步驟，五種能力，為自己緩解人生遭遇的苦，修復情緒受過的傷

This Difficult Thing of Being Human: The Art of Self-Compassion

作者	波諦帕卡撒 Bodhipaksa
譯者	吳緯疆
社長	陳蕙慧
總編輯	卜祇宇
行銷	陳雅雯、尹子麟、余一霞、汪佳穎
封面設計	井十二設計研究室
排版	宸遠彩藝
印刷	通南彩色印刷股份有限公司

讀書共和國 出版集團社長	郭重興
發行人兼出版總監	曾大福
出版	開朗文化 / 遠足文化事業股份有限公司
發行	遠足文化事業股份有限公司
地址	231 新北市新店區民權路 108-2 號 9 樓
電話	（02）2218-1417
傳真	（02）2218-0727
客服專線	0800-221-029
信箱	service@bookrep.com.tw
法律顧問	華洋國際專利商標事務所　蘇文生律師
出版日期	2022 年 3 月　初版一刷
定價	新台幣 360 元
ISBN	9786269562039（紙本） 9786269562015（EPUB） 9786269562022（PDF）

國家圖書館出版品預行編目（CIP）資料

請用正念疼惜自己 / 波諦帕卡撒 (Bodhipaksa) 著 ; 吳緯疆譯 . -- 初版 . -- 新北市 : 開朗文化出版 : 遠足文化事業股份有限公司發行 , 2022.03
272 面 ; 14.8 X 21 公分

譯自 : This difficult thing of being human : the art of self-compassion

ISBN 978-626-95620-3-9（平裝）

1. CST: 自我肯定　2. CST: 成功法

177.2　　111001712